石莉 编著

法家的理想人

中华文化人文通识读本·《中国人》书系

黄荣华 主编

广西师范大学出版社

·桂林·

图书在版编目(CIP)数据

法家的理想人 / 黄荣华主编;石莉编著. —桂林:广西师范大学出版社,2021.1

(中华文化人文通识读本.《中国人》书系)

ISBN 978 - 7 - 5598 - 3207 - 8

Ⅰ. ①儒… Ⅱ. ①黄… ②石… Ⅲ. ①法家-哲学家-生平事迹-中国-青少年读物 Ⅳ.①B226 - 49

中国版本图书馆 CIP 数据核字(2020)第 172231 号

法家的理想人
FAJIA DE LIXIANG REN

出 品 人:刘广汉
责任编辑:刘美文
项目编辑:王 璇
装帧设计:朱鑫意

广西师范大学出版社出版发行

(广西桂林市五里店路9号　　邮政编码:541004)
(网址:http://www.bbtpress.com)

出版人:黄轩庄

全国新华书店经销

销售热线:021 - 65200318　021 - 31260822 - 898

山东韵杰文化科技有限公司印刷

(山东省淄博市桓台县桓台大道西首　邮政编码:256401)

开本:690mm×960mm　　1/16

印张:13　　　　字数:167 千字

2021 年 1 月第 1 版　　2021 年 1 月第 1 次印刷

定价:46.00 元

总序

  《中国人》书系共十册：《儒家的理想人》《墨家的理想人》《道家的理想人》《法家的理想人》《释家的理想人》《魏晋觉醒的人》《儒道释会通的人》《明代寻求真我的人》《现代走向世界的人》《神话、传说、侠义的理想人》。

  《中国人》书系的编写，源于我们对当下中学生学习需要与生活需要的理解。

  在我们的理解中，当下中学生需要对"中国人"有更广泛、更深刻的认识。"广泛"是对不同思想、不同行为的"中国人"而言的，"深刻"是对历史语境中生活的"中国人"而言的。在这样"广泛""深刻"的认识之下，才可能对"中国人"产生较为全面的认知。

  而对"中国人"较为全面的认知，首先是"识自"的需要。

  较全面地认识自我，才能比较理性地给自己定位。理性地自我定位，是极其重要的。用古人的话说，就是"知天命"。"知天命"才能真正地"人有为"，否则就会胡作非为。但受各种因素的影响，特别是"西方中心主义"的控制，当下中国整体上缺乏对"中国人"较为全面的认知。也就是说，我们现代中国人对"中国人"缺乏自我认知，其表现有时是自高自大，更多时候是妄自菲薄。这两种表现，在当下中学生身上都有所反映，只是反映的程度与方式有所不同而已。

我们常常听到中学生说这样一句话："对待古代文化，要取其精华，去其糟粕。"

"取其精华，去其糟粕"，作为现代人对待传统文化的大策略与大原则，是极正确，是应当坚持的，但实际上可能是难以操作的。一个中学生如果只会空说这样的大原则，而并不知晓何为"精华"，何为"糟粕"，又怎么"取"与"去"呢？不知晓何为"精华"，何为"糟粕"，却硬要"取精华"，"去糟粕"，就只能胡乱动手了。

我要说，这种在不知何为"精华"，何为"糟粕"的情况下，却胡乱地"取其精华，去其糟粕"的行为，其实在今天已经是"西方中心主义"控制下的不"识自"的中国人的普遍行为。

这种不"识自"的普遍行为，也可以说是"西方中心主义"控制下逐步形成的"反传统的传统"的表现。仔细想想，这种"反传统的传统"有着怎样的傲慢与偏见，它高高在上地审视着几千年传统文化，用"有罪推定"审判着几千年传统文化。

认识这种"反传统的传统"，认识这种"反传统的传统"对我们行为的影响，认识这种影响在我们教育中的体现，认识这种体现对我们的教育所造成的困难，也是我们"识自"的重要内容。

认识自我，才能更好地面对自我。较为全面地认知"中国人"，也是我们现代中国人更好地面对几千年传统的必须，是现代中国人更好地面对当下生活的必须。

传统是现代人走向未来的原动力。中华几千年传统，是现代中国人走向未来的原动力。历史早已证明，现代中国人不可能也无法割断自己与几千年文明史的广泛而深刻的内在联系。所以习近平总书记在党的十九大报告中指出："中国特色社会主义文化，源自于中华民族五千多年文明历史所孕育的中华优秀传统文化。"习近平总书记也说："中国人民的特质、禀赋不仅铸就了绵延几千年发展至今的中华文明，而且深刻影响着当代中国发展进步，深刻影响着当代中国人的精神世界。"（《在第十三届全国人民代表大会第一次会议上的讲话》，2018 年 3 月 20 日）

较为全面地认知"中国人"，就能较为全面地认识"中国人民的特质、禀赋"，就能较全面地认识这些"特质、禀赋"对现代中国人走向未来具有怎样的活性力量；就能较全面地认识传统中国人为什么是"这样"生活而不是"那样"生活；就能较全面地认识现代中国人的生活逻辑与传统中国人的生活逻辑有怎样的内在关联；就能较深刻地理解古代诗文为什么是"这种"表达方式而不是"那种"表达方式；就能较深刻地理解汉字、汉语为什么能几千年不中断其历史，在现代中国依然具有强大的生命力，鲜活如初……

作为语文教师，我还要说，较为全面地认知"中国人"，还是学好古诗文的必须。常常听一些同学感叹，古诗文太难读了。是的，当我们对古代一点也不了解的时候，当我们对古人的生活一点也不熟悉的时候，当我们对古诗文生成的文化逻辑一点也不明白的时候，当我们对古诗文生成的文化逻辑其背后所隐藏的古人的生活情趣一点也感知不到的时候，阅读古诗文是会有很大障碍的。但倘若与之相反，我们阅读古诗文就不仅轻松如履平地，沉醉如沐春风，满足如享秋果，而且即使需要翻越障碍、穿越荆棘，也会勇于翻越、乐于穿越，进而体验翻越的愉悦，收获穿越的趣味。

一言以蔽之，期待《中国人》书系能帮助大家更好地认识自我，从而更好地有作为，从而更好地创造自己的幸福生活，从而更好地建设美丽新世界。

黄荣华

2020 年 8 月 6 日

前言

　　伴随着人类社会的形成，制度应运而生，人类文明能发展至今日，有赖于制度的不断完善、进化，而"法律"无疑是各项制度中最重要的环节，本册书的主题即与法律有关。

　　法，在古代汉字中写作"灋"，汉代许慎《说文解字》对"灋"下了这样的定义："灋，刑也。平之如水，从水；廌，所以触不直者去之，从去。""灋"是一个会意字，左边的偏旁是"水"，意为公平如水，而右半边由"廌"和"去"组成，"廌"是中国古代的一种神兽，其能力就是能够判别真伪，顶触争端中无理的一方，将之摒去。与"法"如影随形的是"律"字，该字原为右手持竖笛的象形字，竖笛是人类最早的乐器之一，曾被用于为各种乐器定音，所以"律"的原意为定音，我们常说"音律"，指的是"音乐"的"恒定标准"，后来推而广之，成为各类事物的标准。战国时期，商鞅在秦国变法时，改"法"为"律"，此后"律"就被用以表示国家颁布的成文法，比如秦朝颁布《秦律》、汉代有《汉律》。"法""律"二字在起源、演化过程中，均有"公平""公正""规范""标准"的内涵，这构成了"法律"精神之要义。

春秋战国，王权式微，群雄并起，逐鹿中原，这一时期，学术思想异常活跃，出现了百家争鸣的局面。摆在各国诸侯面前的最严峻的问题是如何迅速地富国强兵，使自己在兼并战中占得先机。针对这一现实需求，以"尚法明刑"为核心思想、以富国强兵为绝对宗旨的法家学派诞生了。班固《汉书·艺文志》认为，"法家者流，盖出于理官。"理官是古代的"治狱官"，也就是现在所称的"法官"，在夏代叫作"大理"，在周代称为"大司寇"。换言之，法家源起于古代的司法官员，这是古人所持的普遍观点。到了近代，国学大师章太炎提出了"著书定律为法家"的看法，这更近于今人对法家的理解。然而，先秦时期被归于法家一派者除了慎到和韩非为纯粹的法学理论家，其余如管仲、子产、李悝、吴起、申不害、商鞅、李斯等均兼具理论、实践的双重属性，既是推动修法改革的官员，又是著书立说的学者。

而法家作为一个思想学派，有其显著特征。司马谈《论六家要旨》说"法家严而少恩"，"不别亲疏，不殊贵贱，一断于法，则亲亲尊尊之恩绝"，"尊主卑臣，明分职不得相逾越"。法家思想兴起于"礼崩乐坏"的背景之下，其"明刑尚法"以加固王权的立场主要是相对于儒家"以德治国"的"礼治"主张。法家以人性恶为理论出发点，比如韩非认为，"自利自为"，"恶劳而乐佚"，"好利而恶害"都是人的自然属性，因此自然会产生争夺、算计。而儒家的人性观分为两派，一派是孟子的"性善论"，认为"仁""义""礼""智"是人之四大"善端"，只是由于后天的环境造成人的本性被蒙蔽，所以要以"礼"行教化，找回被蒙蔽的本性；另一派则是以荀子为代表的"性恶论"。然而，儒家之"性恶"与法家本质的不同是其解决方式，儒家采取的主要是以教化礼治来"化性起伪"，法家则主张"以刑去刑"，用法律约束、规范人的行为。其优点是"信赏必罚"，缺点是"无教化，去仁爱，专任刑法而欲以致治，至于残害至亲，伤恩薄厚"，这可以说是先秦法家思想的共同属性。

法家思想的鼎盛时期是春秋战国，秦始皇统一中国以后，建立了中央集权制度，为了加固皇权，他采用李斯"以法为教""深督轻罪"的主张，执敲扑鞭答天下，其高压统治致使秦二世而亡，随着秦的灭亡，"法家"由鼎盛走向灭亡，有人说，秦朝以后再无"法家"。法家作为一种学术流派虽然消亡了，但它并没有断绝香火，而是以其他形式留存下来，比如"外儒内法"的帝王，比如修法革新的改革家，比如秉公执法的廉吏，比如行罚严苛的酷吏，而本书所指"法家"为中国古代广义的法家，既包含先秦"著书定律"的实践家、理论家，也包括秦代以后至于清代各类法家的流变形式。

本书的编写受到既有的各类相关著作的启发，比如孙开泰先生的《法家史话》系统地梳理了先秦时期几位法家代表人物的主要思想，深入浅出，对传统意义上的法家文化思想起到了很好的普及作用；再比如郭建老师的《中国法律思想史》《中国法制史》，梁凤荣老师的《中国法律思想史》，这些著作均以时间为线索，厘清了中国古代法律思想、法律体系的起源、形成、发展、流变的过程，便于高校法律专业学生理解中国古代的法律思想、法制体系。本书的体例设置汲取了前人的智慧，以人为本，"因人系事"，选择了三十多位"广义"的"法家"人物，介绍他们的法律思想，讲述他们有关立法、变法、执法的故事，有点类似于史家的列传。本书的编排并没有采取思想史的方式，以纵向的时间轴为线索，而是根据这三十多位广义法家人物所持法律思想或所行的法律实践，将之分门别类。法家学派与"名家"有亲缘关系，本书第一章介绍邓析、申不害、慎到和韩非四位法家的"刑名法术"思想，勾勒出法家思想融刑、名、术、势的发展历程。第二章着重介绍先秦时期管仲、子产等人"修法改革"的实践及其背后的思想。第三章以范仲淹、王安石、张居正和清末维新派为例，介绍了秦汉以后历史上的四次重大"变法改革"的历史背景、思想主张和具体措施。传统意义上的法家，无论是变法改革的实践家，还是纯粹的法理家，无一例外地"尚法明刑"，然而历史上还有一种占据主流的思想——"恤刑慎杀"，这是对法家思想的调和，也是"中华法系"的核心。这种思想为不少统治者所接受，成为他们行宽仁之政的重要理论依据。他们调和"法家"的方式大体上分为两种，一种是以儒家为代表的"德主刑辅""隆礼重法"的"礼法相融"思想，还有一种是以道家为代表的"清静无为"的崇尚"道法兼容"的思想。第四章探讨的正是先秦时期儒道墨等学派与法家思想的融合。第五章承接上一章，主要写秦汉以后的帝王或理论家运用"恤刑慎杀"思想，彰显仁政德政的理论与实践。第六章和第七章介绍了两类迥然相异的执法行为，前者崇尚严刑峻法，推行极端重刑主义，后者刚正无私、不阿权贵、秉公执法，将法律公平、公正的精神发挥到极致。

应当指出的是，本书所论述的几种法家思想、法治精神——刑名法术、修法改革、恤刑慎杀、严刑峻法、秉公执法，均带有时代烙印，本质上不同于现代法治，现代法治以民主政治为基础，用以保障公民的各项合法权利，而中国古代法家所谓法治，更侧重于以"刑罚"限制犯罪，建立在君主专制的中央集权制度之上，也就是说皇权凌驾于法律，法律本质上是维护君主统治的工具，比如"刑名法术"从理论上确立君主独尊之"势"，总结驾驭群臣之"术"和维护统治之"法"；"修法改革"的目的不外乎"国富兵强"以巩固政权；君主持"恤刑慎杀"之法，行宽仁之政，实际上是为了俘获民心，稳固皇权；而行"严刑峻法"无非是为了加强君主集权，只是采取的方式较为极端；那些铁面无私的秉公执法者本质上还是拥护君权的"大法官"，从这一点看，法家思想难以避免其时代局限，中国古代归根结底还是"人治"社会，没有实现真正的"法治"。

尽管如此，我们依然可以采取两种视角来看待"法家思想"，以批判眼光看待其维护天子集权统治的同时，不能忽视其中难能可贵之处。比如，法家以进化的眼光看待历史，不因循旧制，具有敢于破除积弊、革故鼎新的勇气；又如，法家立法明令，不别亲疏，不殊贵贱，一断于法，在有限的范围内尽力发挥"律法"的公平精神；还有"尽地力之教"以鼓励耕作、"善平籴"以控制物价、"作封洫"以明确土地所有权，此类经济政策中所蕴含的智慧，直到今天仍然有强大的生命力。

本书以一种较为浅易的方式呈现法家的思想精神，以期为中学生阅读、了解与法家相关的历史、思想提供帮助，然而，"嚼饭哺人"的力量实在有限，笔者更期待着读者能通过这本《法家的理想人》回到经典之中，进一步探索中国古代法家的精神，借鉴他们的智慧，总结他们的局限，为更好地理解现代法律制度、法律精神搭建桥梁。

目录

001　　**一　刑名法术**

001　　将"刑名之学"融于法律的邓析

006　　"刑名法术"之说的创始者申不害

012　　"援道入法"的思想家慎到

018　　先秦法家思想的集大成者韩非

028　　**二　修法改革（上）**

028　　管仲的修法改革与令顺民心

032　　子产"铸刑书于鼎"的法制革新

037　　孙子修道保法以治兵

041　　李悝的由儒入法与编撰《法经》

047　　吴起于魏国、楚国的变法革新

053　　商君之法的成与败

061　　**三　修法改革（下）**

061　　范仲淹与"庆历新政"

067　王安石与"熙宁变法"

073　张居正与"万历新政"

078　清末有识之士的变法维新

086　四　恤刑慎杀（上）

086　周公"敬天保民"的法律思想

091　孔子"仁义复礼"中蕴涵的法律思想

096　孟子慎刑富民以行王道

099　荀子的"礼法融合"

103　墨子"兼爱"理想中"法"的作用

107　老庄"清静无为"的自然法

113　五　恤刑慎杀（下）

113　汉初君臣"无为而治"的法律思想

118　董仲舒调和阴阳、儒术的法律思想

123　隋文帝"宽简之法"的制定与破坏

128   初唐统治者"恤刑慎杀"的法律思想

134   宋太祖与"不滥杀"的宽政

140   **六 严刑峻法**

140   李斯的以法为教与深督轻罪

146   汉武帝与他的酷吏政治

152   武则天渐引酷吏,威制天下

157   朱元璋用重典固皇权

164   清初三大"文字狱"

170   **七 秉公执法**

170   "苍鹰"郅都的起与落

175   执法严明的"包青天"

180   廉洁奉公的"海青天"

186   清代的三大"科场案"

一 刑名法术

将『刑名之学』融于法律的邓析

邓析（约前545年—前501年），是春秋末期郑国大夫，比老子晚出，早于墨子，大体上与孔子同时代，与改革家子产亦处于同一时期，他能言善辩，富于逻辑思维。《汉书·艺文志》将他与公孙龙、惠施并论，归于名家之列，有不少人根据年代，冠之以先秦名家"创始人"的称号。名家思想又称"刑名"之学，"刑名"（又作"形名"），其义与刑罚有关，通俗地讲就是刑罚的"注释学"。作为名家创始人，邓析是如何在"刑名之学"中呈现法律思想的呢？《列子·力命》作了很精要的概括："邓析操两可之说，设无穷之辞，当子产执政，作《竹刑》。"邓析能够将名家"正名""察实"的指导思想和辩证的逻辑思维活用于法律当中，使他的法律思想呈现出鲜明的特色。关于邓析的思想，留传下来的文字十分有限，如今我们只能借助诸子有关邓析评述的只言片语来了解其思想。此外，《邓析子》一书，据考证，并非邓析亲笔所作，且其中篇目大多散佚，留下的仅《无厚》《转辞》两篇，也是我们今人理解邓析思想的重要凭借。

两可之说

《吕氏春秋·离谓》记载了一个故事："洧水甚大，郑之富人有溺者。人得其死者，富人请赎之，其人求金甚多，以告邓析。邓析曰：'安之。人必莫之卖矣。'得死者患之，以告邓析。邓析又答之曰：'安之。此必无所更买矣。'"

这个故事说：郑国有一个富商淹死在洧河的水涝之中，有人打捞起他的尸体，富商的家人想要出些钱把尸体赎回来，不料对方开出高价，富商家人感到很愤怒，把此事告诉邓析，邓析说："安心吧，他不可能把尸体卖给别人，不卖给你又能卖给谁！"得尸者知道此事，有些担心，就跑去邓析那里陈情，邓析又说："放宽心吧，他们只能在你这里买尸体，别处还有地方可买吗？"故事的结局我们不得而知。故事中，赎尸者和得尸者是利益冲突的对立双方，然而邓析对他们都说了相似的话来"安之"，因此邓析之言论被称为"两可说"。《吕氏春秋》引述这个故事，原本是想批评"两可说"的荒唐、可笑，无实质作为。然而，读者却能从字里行间读出邓析的智慧，邓析的回答使双方的争讼得以缓和，"人必莫之卖矣""必无所更买矣"，这两句话实际上还暗含着这样的信息：你们虽然都各占据有利因素，但也各有不利因素，无论是买方和卖方都只有一个，因此，买卖双方应当适可而止，各自退让，才能打破僵局。

邓析的"两可"之说充分体现了名家的"辩才"，不独邓析，他以后的名家代表人物（如公孙龙、惠施等）也都是当世"雄辩之才"，公孙龙的"白马非马说"、惠子的"相对论"都是先秦时代的经典辩题。而邓析本人也凭借其"辩才"成为名震一时的"讼师"。《吕氏春秋·离谓》记曰："（邓析）与民之有狱者约，大狱一衣，小狱襦袴。民之献衣襦袴而学讼者，不可胜数。"邓析经常帮人打官司，遇到小案子，只要别人一件衣服作为报酬，遇到大案子，就要人一条裤子作为报酬。他收受报酬为人打官司颇有点现代律师的味道，而且他受理的案件胜诉率特别高，无论什么类型的案子，他总有办法让委托人赢得诉讼，因此，给他衣服、裤子请他打官司或者向他学习打官司的百姓不计其数。

然而，"讼师"（律师）这一职业从本质上说是收人钱财，替人"消灾"，不以是非曲直作为判断基准，只为自己的雇主服务，以胜诉为目的，因此，常常会出现黑白颠倒的结果，导致冤假错案的产生，这也是邓析为人诟病的地方，传统的士阶层认为他"以非为是，以是为非"，导致郑国"是非无度"，民心不古。

刑名法术

邓析将刑名之学活用于法律之中，他的刑名法术思想今已不可考，但我们还是可以通过《吕氏春秋·离谓》中的另一条材料推知"刑名法术"的逻辑："郑国多相县以书者。子产令无县书，邓析致之。子产令无致书，邓析倚之。令无穷，则邓析应之亦无穷矣。""相县以书"的"县"字即"悬"，大概有点像现代所称的贴"大小字报"，经历过"文革"的人都知道，这大小字报往往会引起人与人之间的争端，先秦也不例外，于是国相子产下令禁止"县书"，但没有禁止其他方式，于是邓析便改用"致书"（投递书信）的办法，子产接着又禁止"致书"，于是邓析又改作"倚书"——与其他事物杂而寄之。从这则材料中，我们能够看出邓析非常善于捕捉字面"概念"中的逻辑漏洞，依据其名而采取相应的措施。这是"善辩者"所具有的特点，邓析的"县书""致书""倚书"虽有挑战制度之嫌，但从另一个侧面看，国家法律制度的完善恰恰需要邓析这样逻辑严密、善于捕捉法令漏洞的人才。

概念准确、论断严密乃是"刑名法术"逻辑的核心特点，在界定概念的过程中，名家非常看重"名"与"实"的逻辑关系。《邓析子·转辞》认为，"循名责实"的关键是根据其名考察其实，互相验证，名与实转而相成，这一基本思想也适用于"明法审令"。《邓析子·无厚》曰："循名责实，君之事也。奉法宣令，臣之职也。……循名责实，察法立威，是明王也。"言下之意是君主对臣下的考察、赏罚应当听其"言"（名）观其"行"（实），统治者法令的颁布与实施，更应当力求"名实"相符，如此才能"察法立威"。

邓析曾做过郑国大夫，属于官员中较为激进的"革新派"，当时郑国国相子产虽然是变法改革的笃行者，但仍摆脱不了"周礼"的传统思想，而邓析质疑的焦点在于子产的变法改革存在一定的保守性，并没有否定传统的周礼，因而他提出"不法先王，不是礼义"的口号，主张不以先王之制为法，不以西周之礼为是，反对贵族特权，主张以法律为准绳来判定人们的言行是非，这就等于将自古以来衡量人的言行的标准——"礼"彻底抛弃了。此类言论，我们在商鞅变法前与秦国老臣的"廷争"中亦可见到，而邓析比商鞅早提出了近两百年，在当时人听来，颇有"离经叛道"的意味。

邓析不仅仅以"刑名"学说推动制度的改革，而且还亲力亲为尝试修订法律。当时国相子产将刑书铸在鼎上，布之于众，力求公开透明，但是铸书于鼎有其局限性，其一，鼎上刻字难度高，其二，鼎的面积有限，因此刻上鼎的刑书简略，法令自然难以严密、周详，况且鼎乃国家权力的象征，其重量很大，因此，不易携带，这意味着刑书的传播范围有限。而邓析以他的魄力和创见，著刑书于竹简，世称《竹刑》，解决了铸书于鼎所带来的问题，使法律得以详备周密，广为流传，赋予了公布成文法这件大事以新的意义，但《竹刑》的编著只是他的个人行为，不具备国家效力。

邓析运用"刑名法术"之学完善郑国的法律制度，著《竹刑》推进郑国的法治改革，然而他激进地质疑"礼治"，挑战统治者的权威，且巧用"辩术"为民打官司，以是为非，以非为是，引起"争讼"。《淮南子·诠言训》曰："邓析巧辩而乱法"，这样的人注定为统治者所不容，《春秋左传·定公九年》明确记载："郑驷歂杀邓析，而用其竹刑。"子产之后，驷歂继任郑国国相，他以乱纲纪、坏民风的罪名杀了邓析，却采用了他的《竹刑》，而《竹刑》一经郑国执政者采用，便成为国家的正式法典了。邓析作为名家的创始人，也是中国古代的第一位律师，还是将法令写在竹简上使之散布流传的立法者，若说他是法家鼻祖恐怕也不为过。

『刑名法术』之说的创始者申不害

　　申不害（约前385年—前337年），是战国时期又一位知名的法家人物，其著作《申子》已经散佚，留传下来的仅一篇《大体》。申不害原是郑国人，起初在郑国任小臣，公元前375年，郑被韩所灭并入韩，就这样，申不害成了韩国人。虽说韩吞并了郑，但其自身也面临着内忧外患：一方面，韩国贵族内部矛盾重重，先是韩相侠累为聂政刺杀，其后韩哀侯又遇刺身亡，内部的冲突很大程度上消耗了国力；另一方面，韩国的发展一直很滞缓，始终列于战国七雄之末。与此同时，不少国家经历了大大小小的变法改革，得到了长足的发展，尤其是邻国魏和秦，一直虎视眈眈地觊觎着韩国的土地。公元前371年，秦国攻下韩国六座城池，以至于韩国迁都新郑躲避秦国的威胁，但消极避祸不是最好的办法，韩昭侯即位后，想要从根本上改变韩国内外交困的境况，他决心借鉴秦、魏，走上变法图强之路。

　　这为申不害提供了很好的机会，申不害运用他所擅长的"刑名法术"游说韩昭侯，得到其赏识，很快就晋升为国相。他为相十五载，国治兵强，战乱平息，故被誉为"一世之贤士"，与商鞅并称于世，共领当时法家变法之潮流，后人也总将申子、商鞅并举，《盐铁论·申韩》称："申、商以法强秦、韩也。"那么，申子是如何辅佐韩昭侯，使韩国在他有生之年，始终国治兵强，无战争之虞？而他所持之"术"究竟为何"术"呢？

驭臣之"术"

申子在历史上所建立的卓越功勋不仅仅是变法改革的成功实践，更在于他创立了"刑名法术"思想，为法家思想的形成与建立打下了坚实的基础。其核心思想被后人提炼为一个字——"术"。

《战国策》里记载的这个故事或许可以帮助我们更直观地理解申不害的"术"。申不害刚被韩昭侯起用时，魏国攻赵，围其都城邯郸，但久攻不下，陷入僵局，魏、赵两国同时派使者入韩与韩结盟，韩昭侯问申不害："申先生认为寡人与哪一方结盟较有利？"申不害事昭侯之日尚浅，还摸不透昭侯的心思，就施以缓兵之计说："这个问题关系到国家的安危，得待我好好想想再答复君上。"他回去后劝说赵卓、韩晁两位大夫向国君进谏，当他们就此事在昭侯面前畅所欲言时，他则在一旁察言观色，看韩昭侯的反应和倾向，最后轮到他发表看法时，他拣了昭侯所倾向的那种意见，赢得了国君的欣赏。这个故事里的"术"，我们可以理解为臣子事君的策略。

而从申子的论述看，"术"更多地是指君王的统治之"术"，也就是我们现在常常说的"君主驭臣之术"，君主若具有"驭臣之术"，那么可以很好地协调统治阶级内部的关系，平衡君臣之间、僚属内部的关系。而韩国激烈的内部矛盾使韩昭侯亟须这种"君术"来缓和萧墙之内的争斗，厘清贵族的等级秩序，稳定社会秩序。申不害这个善于用"术"的人才恰巧在这个时候出现在他面前，与他的想法一拍即合，因此申不害受韩昭侯重用绝非偶然。

申不害的"术"并非孤立的概念，他富有创见地将"术"与"法"结合起来，以"术"为指导思想，以"法"为具体操作方式，实践并总结了"君主"的"潜御群臣"之"术"。他就君臣关系做比喻："明君使其臣并进辐凑。"（《申子·大体》）高明的君主能使自己像车轮的毂一样，让臣下像车轮的辐条一样以车毂为中心聚拢而来，受制于车毂。要让群臣服服帖帖地"并进辐凑"，君主需要具备娴熟的"潜御群臣"之"术"，"潜御群臣"之枢要在于"高深莫测"："故善为主者，倚于愚，立于不盈，设于不敢，藏于无事，窜端匿疏，示天下无为，是以近者亲之，远者怀之，示人有余者人夺之，示人不足者人与之。"（《申子·大体》）

君主的一言一行决定着国家的命运，臣下对君主的态度取决于君主的言行，因此申不害认为，君主要善于"装愚"，在臣下面前不能显露声色，要做出不动、不做、不管的样子，表现出自己无为而治，实际上暗暗地观察、了解、判断，才能做到"独视""独听""独断"，唯此才能准确地辨别群臣的忠奸、能力，有效地驾驭群臣。申子运用道家"无为而治"的哲学思想，作为君主面南而居"课群臣之能"的官僚政治手段。

在申不害的指导下，韩昭侯运用"潜御群臣"之"术"越来越得心应手了。《韩非子·内储说上》记载了这样一个故事，韩昭侯曾派使者去外地巡察，使者回来之后，昭侯问他一路上都看到了什么。使者想到了在国都南门之外看到有黄牛在道路左侧吃禾苗，就告诉了昭侯，昭侯听了，嘱咐使者保密。根据国家的规定，在禾苗生长期间严禁牛马进入农田毁坏禾苗，昭侯从使者汇报的情况中敏锐地推知相关负责人没有认真执行此项法令，属于玩忽职守，他当即下令让官吏立即向上汇报各地牛马入田毁苗的情况。官吏们摸不清情况，东拼西凑了一些材料上来充数。昭侯看了材料，发现其中没有记录南门外黄牛毁苗之事，责令群臣："材料不全，有疏漏，重新摸排！"后来果然有官吏发现，就在南门之外有一群黄牛在吃禾苗，此事让官吏们实实在在地感受到韩昭侯对朝政洞若观火，今后行事战战兢兢，如履薄冰，再也不敢有丝毫懈怠了。这个故事使我们看到"潜御群臣"之"术"的强大的震慑力量。

申子虽将"术"与"法"整合，将"术"运用于执"法"，但我们也可以看到"法""术"的本质区别，自子产以后，先秦法家变法首先要做到的是将法公之于众，让世人知法、懂法、守法，而"术"的灵魂是"含而不露"，让世人难以揣摩，给君主蒙上了一层神秘的面纱，让臣下不断猜度、迎合，最终为君主所驭。

循名责实

申子的"术"并非凭空而来，而是有源头的。司马迁说："申子之学本于黄老而主刑名。"阅读《申子·大体》一篇，我们可以提炼出三个关键词汇——"无为""因循""刑名"。

上文论及申子之"术"时，我们可以看到其对道家"无为"的思想的应用。《老子》论述中还有一个重要思想即"反者道之动"，事物的相反相成，"质真若渝，大方无隅，大器晚成，大音希声，大象无形，道隐无名"。还推崇水的智慧："天下莫柔弱于水，而攻坚强者莫之能胜，其无以易之。……弱之胜强，柔之胜刚，天下莫不知，莫能行。"申子要求君王"不作为""大智若愚"、善于"示弱"，不正是"反者道之动""柔弱胜刚强"的老子思想的政治实践吗？

然而，无为的目的是"有为"，若"无为"是君主施政的纲领，那么"因循"便是施政的手段。所谓"因循"，韩非子概括为"循名而责实"。《申子·大体》曰："以其名听之，以其名视之，以其名命之"，"名自正也，事自定也。是以有道者自名而正之，随事而定之也。"申子的论述中，虽然没有明确提出"因循"二字，但从"自""随"等表述来看，"因循"的核心就是"随事而定""因名而循"，汉代刘向称"因循以督责臣下"，把它总结成君主督责臣下的手段。

《韩非子·外储说左上》中记载有韩昭侯和申不害的一段对话："韩昭侯谓申子曰：'法度甚不易行也。'申子曰：'法者，见功而与赏，因能而受官。今君设法度而听左右之请，此所以难行也。'"法律执行的实质在于见功行赏，因能授官，论罪处罚。如果根据事实来说话，而非兼顾身边的请托，法律的推行再简单不过了。申子曾将法喻为"镜子"和"秤杆"："镜设精，无为而美恶自备。衡设平，无为而轻重自得。凡因之道，身与公无事，无事而天下自极也。"（《申子·大体》）镜子也好，秤杆也好，它们在那里衡量着万事万物，使他们美恶自现，轻重自得。法律也是这样，它是丈量美恶、轻重的标准，因此统治者定法以后，无需大动干戈，只要因循法令，随事而定，赏有功、罚有罪即可，法令自会产生效能。

在申子的理论中，因循法令、赏功罚罪的依据是"刑名"。"刑名"或称"形名"，"名"即事物之名号，"形"可以理解为事物之实体，如果"法"是"名"，那么"法"所指涉的事物及其概念、性质就是"刑"（"形"），如果臣下之"言"是"名"，那么与其言相应的实际行为就是"形"，如果君主所授予臣下的官职爵位是"名"，那么与之相应的行为及功劳就是"刑"（"形"）。而国君的职责就是掌握生杀取予大权，循名责形（实）。因而，在申子看来，治理国家的过程中，"名"的重要性不言而喻。《申子·大体》曰："名者天地之纲，圣人之符。""昔者尧之治天下也以名，其名正则天下治。桀之治天下也亦以名，其名倚而天下乱。是以圣人贵名之正也。""名"正是"刑"（"形"）正的前提，君主掌握着正名之权，"有名以检形，形以定名，名以定事，事以检名"，如此才能做到刑名相符，名实合一，法制的公正才能得以彰显，国家也就能大治。

在申子提倡的"术"中，"潜御群臣"运用的是人的心理，是执政者

法家的理想人

潜隐的"阴术"，因循法令、循名责实、见功行赏、因能授官则是执政者统治之"阳术"，执政统治需要调和阴阳，两者不可偏废。

不少学者对申子的思想存有偏见，韩非子批评他"徒术而无法"，近代学者章太炎说他"主权术"，善阴谋。平心而论，申子的"法术"学说的实质是"君道"，是为君主统治服务的，难免带有时代局限。然而，在申子的理论中，法术当是一个整体，相互调和，法为原则，术为权变；法为制度，术为手段。徒法无术，施政将过于刚猛，过刚易折；徒术无法，施政将缺乏原则，统治也行之不远。只有"潜御群臣"之"阴术"与因循法令之"阳术"两者并行，阴阳调和，才能保证君主的威权，维护国家的秩序，申子的学说对后世统治者的执政之术具有深远的启示。

『援道入法』的思想家慎到

慎到（约前 390 年—前 315 年），是战国时期的法学理论家。他的生卒年众说纷纭，有人认为他略早于申不害、商鞅、韩非，还有人认为他后于商鞅而生。他的事迹史书中记载不详，仅知他是赵国人，后来到齐国稷下学宫，成为稷下先生，虽不参与朝政管理，但可议论品评朝政。齐湣王末年，在稷下先生们纷纷离开齐国之际，他来到了韩国。据说当过大夫，但我们未从史书看到其政绩，可以推想他有生之年并没有获得制法、执法之权，没有充分施展才华的舞台，也没有机会将自己的法学思想付诸实践。他是一个纯粹的法学理论家，其著述有《慎子》传世，如今《慎子》四十二篇大多散佚，仅存《威德》《君人》《君臣》等七篇，虽残缺不全，但我们依旧可以据此了解慎到法学思想的大体脉络。

贵势尚法

慎到理论的核心可概括为"贵势"，他所主张的君主绝对权威和独尊地位通常被概括为"势"。

《韩非子·难势》中记载了慎到关于君主之"势"的比喻："飞龙乘云，腾蛇游雾，云罢雾霁，而龙蛇与蚯蚓同矣，则失其所乘也。故贤人而诎于不肖者，则权轻位卑也；不肖而能服于贤者，则权重位尊也。尧为匹夫，不能治三人；而桀为天子，能乱天下。吾以此知势位之足恃，而贤智之不足慕也。……由此观之，贤智未足以服众，而势位足以任贤者也。"

这段话的意思是"飞龙"和"腾蛇"凭借着天空中的云彩、雾气飞起，若是云雾散去，它们失去了凭借，就和蚯蚓、蚂蚁没什么区别了。同样的道理，在人类世界，权势就如同飞龙、腾蛇的"云雾"一样，成为人飞黄腾达所凭借之物。贤明之人臣服于不才之人，是因为他们权轻位卑无所凭借，不才之人所以臣服于贤明之人，是因为这些贤明之人拥有权势和地位。这样看来，即使是贤能如尧者，若只是一介匹夫，所能管理的不超过三人；暴虐不才如桀者，因为他是天子，所以能够使天下的世道混乱。由此可以得出这样的结论，贤能智慧是无力的，不是服众的必要条件，真正使人屈服的是权势和地位，所谓的贤能才智只是装饰罢了，不足为谈。

从慎子的这段话，我们可以看到他是一个十足的"势治主义"者，他轻视贤能德行，推崇威势强权。其实法家之中推崇"势"的，不止慎到一人，商鞅也主张"抱法处势"，但两人各有侧重，商鞅的论点在君主的权势可通过法律来造就，也可以作为推行法律的工具，其核心在法；而慎子侧重势，认为君主要实行法治，前提是君主位高权重，只有位高权重才能令行禁止。

慎子贵"势"，但身为法学家，他自然不会忽视"法"的功能，他将"法"称为"所以齐天下之动，至公大定之制也"。（《慎子·逸文》）法律是天下人行为的判断准则，至大、至公、至正，而天子纵然掌有无上的

"权势"，也不能独断专行。他认为："古者，立天子而贵之者，非以利一人也。……故立天子以为天下，非立天下以为天子也；立国君以为国，非立国以为君也；立官长以为官，非立官以为长也。"（《慎子·威德》）因此在"法律"面前，君主也难以幸免，当奉行"事断于法"的原则。他将君主事必躬亲、独断专行的治理方式称"身治"。"身治"与通常意义上的"人治"略有不同，指的是"国家之政要在一人之心矣"，因为个人的认识能力是有限的，再高明的个人都难以摆脱主观任意之嫌，"法"就像工匠手中的规矩，是君主衡量是非功过的客观准绳，君主若舍"法"以身治，以一人之心裁轻度重，必然产生"同功殊赏，同罪殊罚"之现象，必将引起臣民怨望滋生，导致乱政的产生。

在论述"法"的重要性后，慎子进一步提出，法的产生当"因乎人情""合乎人心"："天道因则大，化则细。因也者，因人之情也。"（《慎子·因循》）"因人之情"是"天道"之大者，那么，何为"人情"？慎到认为"人莫不自为也"，换句话说，人性都是趋利的，"利己""自为"皆人之常情，而法令的制定当依据人之常情："法非从天下，非从地出，发于人间，合乎人心而已。"（《慎子·逸文》）在慎到的论述中，法的意义更为合情合理，是依据普遍的人类理性而建立起来的客观准绳。而"因人之情"立法以后，当去私立公，一视同仁，坚决实施。

道法融合

慎子"事断于法"的主张中，还一个有很重要的方面隐含其中，即"任法而弗躬"。所谓"任法而弗躬"，就是颁布法令，而后"无为而治"。慎子主张君主治国以"无事"为本："圣人有德，不忧人之危也。……百姓准上而比于下，其必取己安焉，则圣人无事也。"（《慎子·威德》）慎子认为，圣人无事而天下安，为君主治国确立了"无为而治"的范本。就

法家的理想人

014

君臣关系而论，"君臣之道，臣事事，而君无事；君逸乐，而臣任劳；臣尽智力以善其事，而君无与焉，仰成而已。故事无不治。"（《慎子·民杂》）在慎子看来，君主和臣子当各尽其职，君主在牢牢掌握权势的情况下，不做具体的工作，具体的政务交给臣下处理，让臣下竭尽智慧、能力来辅佐自己，君主不耗费精力便可"坐享其成"。反之，如果君主鞠躬尽瘁，事必躬亲，那么，大臣就会"私其所知"，不肯出力，光凭君主一己之力，国家不可能长治久安。

慎子的"无为而治"与道家的"无为"思想一脉相承，《史记·孟子荀卿列传》称慎子"学黄老道德之术"。黄老之学这个术语，我们会在许多场合读到。法家与黄老之学渊源颇深，比如前一节写的申不害，主张君主以"无为"的姿态行"潜御群臣"之"术"。那么何为黄老之学？"黄"就是传说中的黄帝，也是我们民族的祖先，"老"即老子。"黄老之学"产生于春秋末期、战国初期，齐国贵族田氏代姜氏成为齐国统治者，"黄老之学"是田齐为自己政变和统治寻求合理性而建立的学说。那么田氏为何选"黄老"呢？传说，田氏是黄帝的后裔，姜氏是炎帝的后裔，黄帝部落曾打败炎帝部落，正好印证了黄帝后裔田氏发动政变取代炎帝后裔姜氏的现状；而老子是陈国人，田氏的祖先公子完也是陈国人，后来为躲避战乱逃到齐国，如此看来，老子与田氏一族是同乡，黄老之学在这样的背景下应运而生。

黄老之学并不是简单地黄帝加老子，而是在两者学说的基础上作了删选修改。我们今天提到的"黄老之学"往往更侧重于"老"，也就是道家，慎到的"黄老之学"中道家思想较浓厚。譬如，庄子有齐物思想，慎到也有"齐万物"的思想，只是慎到的"齐万物为首"，并不是对原本不齐的万物作平等的对待，而是以法为助推力，要求万物在客观世界中作形式上的均齐。然而，万事万物本有其个性，如何能借助"法"使其均齐，这便要靠政治的权势。所以他说："贤不足以服不肖，而势位足以

刑名法术

屈贤。"所以，慎到是以法以势齐万物；是强制性的，去个性的齐物，与庄子的齐物有本质上的分别。如前所论，慎到主张君主抛弃一己主观之"身治"，而以客观的准绳——法来丈量万物，在慎到的理论中，"不变的道"即"不变的法"，道潜藏于宇宙自然的秩序之中，法潜藏于社会政治秩序之中，不以人的意志为转移。

慎到援"道"入"法"，以"道"家思想作为哲学基础，又对道家之"道"进行了法家式的改造，使抽象的本体的"道"落实到具体的可操作的"法"，无怪乎后人冠之以"道法家"的称号。

定分止争

在慎到的言论里，"公"和"私"这两个对立概念出现的频率较高："书契，所以立公信也；度量，所以立公审也；法制礼籍，所以立公义也。凡立公，所以弃私也。"（《慎子·威德》）"法之功，莫大使私不行；君之功，莫大使民不争。今立法而行私，是私与法争，其乱甚于无法。"（《慎子·逸文》）在慎子看来，公代表了公正、公义，如同度量衡一样，是客观的准则，"私"则象征着私心，是个体的、主观的意识与行为，法建立的原则即是"去私立公"。

慎子主张立法制，"去私立公"，却并不否定百姓的个体权益。《吕氏春秋·慎势》篇中引了慎到的一段话："今一兔走，百人逐之，非一兔足为百人分也，由未定。由未定，尧且屈力，而况众人乎？积兔满市，行者不顾，非不欲兔也，分已定矣。分已定，人虽鄙不争。故治天下及国，在乎定分而已矣。"意思是说，一只兔子在野地中跑，有一百人去追逐捕捉它，不是这一只兔子能够平分给这一百个追逐它的人，只是因为"分未定"——没有确定谁是所有者，尧对这样的事情都无能为力，更何况是普通人呢？然而，换一种场合，情况就完全不同了，集市上卖的兔子多得难以计数，都悬挂在那里无须追逐，但是走过的人却连看都不看一眼，不是他们不要兔子，而是"分已定"——这些兔子已经有主人了。慎到以兔子来比喻利益财产，"百人逐兔"暗喻的是人们基于利益的财产、财富的争端，因为没有限定所有权，人们都希望夺取并占有它，因此产生了争斗，而要制止争斗、维持社会秩序的前提是"定分"，让人们各有其产，使个体财产权有所保障，争端自然而然就减少了。如何保障个体的私有权呢？慎子给出的方案还是法律，他把法与私产联系起来，主张"法之所加，各以其分"，"定赏分财必由法"。

"定分止争"不是慎到个人的发明，不少法家都持有这一观点。李悝《法经》中，废井田、"善平籴"就是对个体小农利益的保障。《商君书·定分》将法律的起源与"土地货财男女之分"联系起来，论述了法律对划分和保护私有财产的意义。慎子则将运用法律"定分止争"的意义以一种更为形象、鲜活的方式呈现出来。

尽管慎到终其一生都未能像李悝、吴起、商鞅、申不害那样实行轰轰烈烈的变法改革，但他援道入法，以道家理论为底色，提出了独特的法家观点，他的主张对韩非子具有深远的影响。秦始皇君主一尊的中央集权统治的确立更是受其贵"势"理论的启发，而在此基础上形成的制度更是影响了中国两千多年。

春秋战国时期，经过几代改革家大张旗鼓的变法革新，加上申不害、慎到等法学理论家的著述总结，到战国末年，法家理论终于迎来了一位集大成者——韩非。韩非（约前280年—前233年），生于韩国宗室，是韩国的公子，自幼便对"刑名法术"具有浓厚的兴趣。年少时曾拜当时名儒荀子为师，与后来秦国名相李斯是同窗。

韩非入秦

如今我们读《韩非子》，自可感觉其雄辩锋利，思想深刻，文采出众，怎么都不会想到，上天既然赐予他一支"如椽之笔"，却吝啬地不愿给予他一副"俐齿伶牙"，他天生有一个缺陷——口吃，这多少影响到了他仕途的发展。

当时的韩国，距申不害变法已有数十载之隔，不复当年国治兵强的盛况，国力疲弱，又与强秦接壤，饱受战争威胁，韩王安又懦弱无能，致使大权旁落。韩非面对国家内外交困的现状，怀着满腔热情，接二连三地上书韩王，进献救亡图存之策，然而昏聩的韩王岂能理解韩非的一片赤诚，又怎能读懂韩非的定国安邦之策，面对韩非的一再上疏，竟无动于衷。韩非报国无门，满腹热情化成了满腔忧愤，他痛恨国家不能"修明法制""富国强兵"，而一意孤行地任用"虚浮夸饰"之流，"执势以御其臣下"，而将廉直贤德之士拒于千里之外。韩非的治国理想既然无法付诸实践，他只能将自己所思考的成败兴亡的经验以及富国强兵的理念付诸文字。

后来韩非所写的文章辗转流传到秦国，秦王嬴政读后大为叹赏，觉得遇到了知音，感慨道："今生今世我如果能得见此人，与他郊游、谈天、论法，那真是死而无憾了。"李斯听秦王这样说，为讨好秦王，就说："我与韩非曾有同窗之谊，如今韩非就在韩国，大王想见此人并不难。"于是秦王不惜一切代价迫使韩王让韩非到秦国效力，韩王慑于强秦之威，只好任命他为韩国使臣出使秦国。秦王见到韩非，与之促膝长谈三天三夜，对他万分欣赏，大有相见恨晚之意，韩非得到重视，却让李斯这位昔日同窗隐约感到了威胁。他常常在秦王面前诋毁韩非，说韩非毕竟是韩国公子，即使为秦王效劳，也始终心系母国，这是人之常情，若把他留在身边又不重用，将来他回到母国，定将成为秦国的威胁，不如将他除了以绝后患。一来二去，多疑的秦王嬴政果然开始怀疑韩非的忠诚，他将韩非投入监狱，由于李斯的阻挠，韩非失去了向秦王当面自陈的机会，所写的书信也无法投递给秦王。最后，韩非被昔日同窗陷害冤死狱中，结束了悲情人生，让人不禁感叹世情之凉薄、人性之险恶。斯人已殁，然而其思想永存，直至今日仍光芒万丈。

进化史观

韩非的法学思想较前人而言，更为系统，其建立在宏大的历史视野之上。在《韩非子·五蠹》中，他首先把战国以前的历史划分为"上古之世""中古之世""近古之世""当今"，这几个时期递进发展，各有特点。上古时期，人少禽兽多，人一直处于和禽兽虫蛇的斗争之中，有巢氏架起木材建成了房屋，使人们像鸟儿一样有巢而居、有所庇护，当时人们生食各种果蔬、茹毛饮血，因而伤害了脾胃，损害了健康，燧人氏发明钻木取火之法，自此人们吃烧熟的食物，病害也减少了，百姓感激他，让他成为天下的统治者。中古时期，漫天洪水肆虐天下，鲧和禹倾其全力指挥治水，甚至有家都不回，受万民爱戴，为天下人拥护。近古时期，夏桀、商纣这样的暴君作乱，商汤、周武为民请命，征伐暴君，推翻暴政。前代圣人虽然贤明，然而世易时移，如果有谁在夏代效仿有巢、燧人构木筑巢、钻木取火，就会被夏人嘲笑；同理，如果有人在今天赞美并欲效法尧舜汤武等圣人治国，一定又会被今人取笑了。如今妇孺皆知的"守株待兔"的寓言故事就典出于此，他把那些"欲以先王之政，治当世之民"的人统称为"守株之类"。韩非划分时代、铺陈叙述，是为了论证"圣人不期修古，不法常可"的道理，这一观点与商君变法前与甘龙、杜挚论争所持的"治世不一道，便国不法古"的论点如出一辙。

韩非所划分的历史阶段，未必严密，但他的进化史观却颇有创见，这是他政治主张的根基。历史在发展，时代在进步，以发展的眼光应对时代的进步，只有制定符合时代的制度、政策、法令，国家才能走上富国强兵的康庄之道。

不仅是制度风俗因时改变，而且人情人性也顺时而迁。上古、中古之世，虽然物质水平低下，但人口少、资源多，故民不争，可以以"德""礼"治国，但是近世、今世人口倍增，资源相对紧缺，正所谓"人民众而货财寡，事力劳而供养薄，故民争，虽倍赏累罚而不免于乱"，这个时候当施行"法"治。如果仍然沿用传统儒家的"德""礼"治国，无异于守株待兔，韩非将"人口论"与"法治说"相结合，进一步印证了

"法与时转则治"的观点。

人性"自为"

韩非是荀子的学生，受老师"性恶说"影响，将人的本性概括为"自利自为"。所谓"自利自为"，就是利己，功利，自我为中心。在韩非看来，好逸恶劳、趋利避害是人与生俱来的自然属性："夫民之性，恶劳而乐佚"（《韩非子·心度》），"好利恶害，夫人之所有也"（《韩非子·难二》）。

而即使在骨肉至亲之间，这种"利己自为"之心也普遍存在，《韩非子·外储说左上》曰："人为婴儿也，父母养之简，子长而怨。子盛壮成人，其供养薄，父母怒而诮之。子父至亲也，而或谯或怨者，皆挟相为而不周于为己也。"父子之间的矛盾、龃龉皆源于"利己自为"的自私心理，儿子从自己的角度出发，认为父母之养育过"简"，父母也就自己的立场出发，感到儿子对自己的赡养太"薄"，在他们的潜意识里，都认为自己受到优待厚待是理所当然，没有感恩之心，更不会设身处地地为对方考虑。至真至善的血缘关系经过韩非的剖析，显得多么现实冷漠、残酷无情。

父母子女之间尚且将自我利益看得很重，更何况是无亲无故之人了，《韩非子·备内》篇中有一段论述剖析了人与人之间的纯粹的利益关系："故舆人成舆，则欲人之富贵；匠人成棺，则欲人之夭死也。非舆人仁而匠人贼也，人不贵则舆不售，人不死则棺不买，情非憎人也，利在人之死也。"

造车之工一心想要人们富贵；造棺之匠则想着世上多死几个人，我们能说造车之工良善、造棺之匠恶毒吗？显然不行。造车之工期盼人富贵通达，是因为富人越多，车子卖得越好，收益也越多；同理，造棺材之匠所盼望的是能够多获得一些收益。而君臣之间的关系更是如此，"君臣之交，计也。"（《韩非子·饰邪》）君臣之间，无非两个字"交""计"，是基于算计的交易。君主所求是政权稳固，人臣所求乃功名爵禄，目标不同，君臣的地位有贵贱之分，因此二者本质上不可能达成一致。那么，君臣关系该如何维系？就是通过计算、交易、买卖让他们达成一致，君主给人臣富贵爵禄，人臣为君主出卖智慧能力，帮助君主统治，这是赤裸裸的利益关系。在韩非面前，谈忠君爱国、无私奉献岂不矫情！

韩非的人性"自为"说与荀子"性恶论"虽有相似，却并不能等同看待。一方面，韩非对人性"自为"并没有如儒家那般给出基于道德的善恶是非的价值判断，而是将之看作本然状态；另一方面，荀子主张"化性起伪"主要是通过道德和教化改善人性，而韩非的对策完全不同，既然"自利自为"是本性，就意味着难以改变，"自利自为"无所谓善恶，因此无须否定、改变，只能"因顺人情"，通过立法令、明确赏罚，以一种公平公正的方式来规范，让人们的利益达到某种平衡，这就是法家的逻辑。

集成法、术、势

韩非对法家的贡献主要在于将管子、李悝、商鞅的尚"法"思想，以及申不害的主"术"、慎到的贵"势"思想高度融合起来，他也因此被称为法家思想的集大成者。

在韩非看来，"法""术""势"三者相辅相成，不可偏废。《韩非子·定法》篇中记载了一段"主客问答"，客问韩非，申不害和商鞅中哪家学说对治国更重要？韩非认为，两者不能比较，申不害言"术"而商鞅为"法"。所谓"术"，"因任而授官，循名而责实，操杀生之柄，课群臣之能者也。此人主之所执也。"所谓"法"，"宪令著于官府，刑罚必于民心，赏存乎慎法，而罚加乎奸令者也。""术"是人主驭臣的手段，"法"是用文字详细规定的成文法令，两者的区别在于"术不欲见"，当藏于胸中，来潜御群臣。"术"是隐形的驭臣之权谋，而"法莫如显"，是由政府公开颁布的衡量和规范臣民言行的准则。两者缺一不可，缺了"术"，君主在朝堂之上会受到蒙蔽；少了"法"，朝堂之下邦国之中就会出乱子。

紧接着，韩非进一步分析了申不害与商鞅用"术"和为"法"的问题，他们的不足在于将两者割裂开来。申不害"徒术而无法"，辅佐韩昭侯主政，韩国刚建立不久，晋国的旧法没有废除，韩国的新法就已公布，其执政二十年间，常常在未废除旧法的情况下，颁布新法，法令不统一，奸邪之人就容易有机可乘，申不害经过二十年的努力也没有使韩国成为一方霸主，就是因为虽然重视用术，却不重视整顿法令。商鞅设连坐之法，"赏厚而信，刑重而必"，致使国富而兵强；然而"无术以知奸"，即使他频繁地整顿法令，帝王不知御臣之术，变法的成果也容易被群臣所窃取。凭强秦雄厚的实力，几十年还没有成就帝王霸业，就是因为"徒法而无术"。

关于"术"，韩非在申不害的基础上提出了新的见解，申不害要求君王装"愚"，知而不言，这大可不必。韩非认为，君王之"术"的最高境界应当是"身在深宫之中，而明照四海之内"，"使天下不得不为己视，使天下不得不为己听。"（《韩非子·奸劫弑臣》）调动起举国百姓和臣子之力，织起一张密不透风的情报网，君主之"术"不得不借用"法"来做强有力的后盾。

而与"法""术"紧密相连的是"势"，"无棰策之威，衔橛之备，虽造父不能以服马；无规矩之法，绳墨之端，虽王尔不能以成方圆；无威严之势，赏罚之法，虽尧舜不能以为治。"（《韩非子·奸劫弑臣》）在韩非那里，"威严之势""赏罚之法"和驭臣之"术"是三位一体的。其论述中，"势"总喜欢与"威"相连，组成"威势"。比如，《韩非子·人主》曰："万乘之主、千乘之君所以制天下而征诸侯者，以其威势也。"当然，韩非所认为的"势"远不止万千兵车，韩非提出了"抱法处势"的观点，"抱法处势则治，背法去势则乱"（《韩非子·难势》），就是说"法"不能离开"势"，法治要以君主的威势作后盾，"势"也离不开"法"，有"势"无"法"就谈不上法治，"势"也可以依靠法而得以巩固。韩非笔下的"威势"，包括官府公之于众的"法"，当然也不排除深藏于君主心目中的"术"。他借车、马的比喻来说明"势""术"之间的关联："故国者，君之车也；势者，君之马也。无术以御之，身虽劳犹不免乱；有术以御之，身处佚乐之地，又致帝王之功也。"（《韩非子·外储说右下》）国家就好比国君的车子，"威势"就如同国君的马，而"权术"是驭马行车的关键，如果没有"权术"来驭马（"威势"），马车是无论如何都走不远的。国君治国哪怕鞠躬尽瘁，也难以维系政权的安稳，如果善用"权术"以驾驭"威势"，那么帝王之功、万世之业，亦唾手可得。而所谓的"威势"，其实就是依托"法""术"为基础形成强权的威慑力，上文所提到的倾举国之力以"法"和"术"织成的情报网当然属于君主治国之"威势"。"法""术""势"三者的集成，极大地丰富、完善了法家的君主专制理论，对促成秦始皇统一天下以及建立封建专制主义制度，提供了重要的理论依据。

反智之论

文化方面，与韩非主张的君主专制政治制度相应的是文化专制主义。余英时先生曾将法家的文化专制主义立场概括为"反智论"，从统治者的需要入手，用冷酷的理智总结以往的经验，加以系统化，使它变成专制政治的指导原则。

在韩非看来，"智"是统治者的大忌。他首先将"智"定义为玄奥微妙之辞，那些玄奥之辞就连圣贤也难以理解，普通民众更无从认知了，百姓放着习以为常能够理解的道理不用，却舍近求远地运用那些连上智之人都难以理解的说教，这是违反治理原则的，因此，"智"并不是人民所需要的，也不当为执政者所用。

韩非进一步指出，那些所谓的"智识"之辈非但无利于国家，反而对国家造成伤害，他笔下的"五蠹"之民之首便是精通文法的"儒者"："儒以文乱法，侠以武犯禁，而人主兼礼之，此所以乱也。"在他看来，儒的本质和那些"以武犯禁"的侠是一致的，都有悖法律，妨碍统治，原因是那些儒者文士称引先王之道，宣扬仁义道德，著书立说，质疑、扰乱当今法令，动摇君主变法革新的决心，阻碍国家的发展。在韩非的用人政策中，有两类人最该得到重视，一类是能够"富国"的农民，另一类是用以"强兵"的战士，拥有知识和思想的"士人"是邦国的"大蠹""至害"，应当无情地斩除。

与"反智论"相配套的是"愚民"主张，圣明的君主治理国家，除了"法"以外不应允许有任何典籍流传，而古代先王之语也无须记录下来让百姓学习，各层的官吏便是他们的老师，百姓不需要知道得太多，只需遵令执行就可以了。韩非主张"愚民"，一方面是因为他从内心深处认定百姓是愚昧的，他把百姓与无知的婴儿相比，因为他们本质上就像婴儿那样只看眼前，不知道吃点小苦头为的是长远的大利益，他们无法理解国家政策的意义，君主为增加农民收入，督促百姓耕田，却被视作残酷；君主为禁止奸邪、稳定治安，制定刑罚，却被认为严厉；君主为救济灾荒、供养军队而征收赋税，却被说成贪婪，这样短视，根本不需要和他们谈高大上的理想。从另一方面看，如果开启民智，让百姓具备批评国家政策的见识，势必为君主的统治增加难度，只有"愚民"才能实现"尊君卑臣"。因此，最理想的统治，不是"天下英雄入吾彀中"，而是臣子百姓安分守己，悉听"上命"。

"愚民"的文化政策落实到法令，就是"禁奸于未萌"（《韩非子·心度》），从根源上禁止一切不利于统治的思想言行产生，尤其当禁止学术言论自由，"息文学而明法度，塞私便而一功劳"（《韩非子·八说》）。他将商鞅"燔诗书而明法令"的政策理论化，秦始皇后来的焚书坑儒便是对韩非愚民高压政策的活学活用、倾力实践。

从客观公允的角度看，韩非以宏大的历史进程以及"人生而好利"的本性为基石，又综合了申不害、慎到等人的学说，使法家理论臻于系统、成熟。然而，其法家理论体系也存在着不少弊端，比如，他以"利"为基点，把人与人的关系全然纳入到冰冷无情的利益算计之中，否定了既有的一切人伦秩序；又如，他"务法不务德"，彻底否定了儒家建立的"礼"治，削弱了道德对于人心、人性和社会风气的调节作用，他过分强调严刑峻法，未免显得刻薄寡恩，不近人情；再如，他主张"反智论"、推行"愚民"政策，禁止言论自由、学术自由，直接导致了秦朝中国学术史上声势浩大、惨绝人寰的灾难，让原本蓬勃活跃的学界陷入一片无声无息的死寂，其思想的功过是非留给后人极大的讨论空间。

本章小结

　　法家思想的形成不是一蹴而就的，其重要源头便是春秋的"刑名之学"，我们从邓析"循名责实"、讲求逻辑思辨的思想主张中，可以发掘法家的精神底色。到了战国时期，申不害更是用理论形式将"刑名""法术"整合起来，"潜御群臣"之"术"与"因名而循"之"法"合二为一，成为君主实行统治的有力武器。慎到同样关注君主统治的威权，然而与申子略有不同，他崇尚"势治"，在其理论体系中，"势治"是实行"法治"的前提，"法治"是巩固"势治"的手段，不仅如此，他还援"道"入"法"，将道家的"无为"与"齐物"融于法治。韩非则将"术""势"和"法"融会贯通，"术""法"并重，"抱法处势"，自此，法家不仅成为与儒、道、墨等并立的学派，而且还成为战国后期以及秦代一家独尊的显学，主宰了秦朝以来整个君主专制时期的思想理论，深深地影响着中国封建社会两千多年的进程。

二 修法改革（上）

管仲的修法改革与令顺民心

管仲（约前 723 年—前 645 年），名夷吾，字仲，齐国颍上人。成为齐桓公的宰相后，他着手对西周以来的传统礼乐制度和政治制度进行了一系列革新，使齐国迅速崛起，"九合诸侯，一匡天下"，率先走上了称霸之路，管仲的"修法"思想与实践对法家学派的产生具有深远的影响。

令顺民心

管仲是如何"修法"以助桓公"九合诸侯，一匡天下"的呢？《国语·齐语》有较为详尽的记载。管仲刚被封相时，桓公就急切地请教他如何收拾齐襄公留下的烂摊子，管仲即以周昭王、穆王的例子说明立法的重要性："当年，周昭王、周穆王效法文王、武王，召集众长老，考察百姓中有德行的人，制定法令作为民众行为之准则，用赏赐善行来引导民众，用惩罚罪恶来纠正偏差，使长幼有序，为百姓立下规矩。如果从本质入手，那些细枝末节的问题自会迎刃而解。"在管仲看来，当务之急是使国家安定下来，而安定国家的一剂良方便是"修旧法，择其善者而业用之"。管仲的"修旧法"，借司马迁之言就是："下令如流水之原，令顺民心。故论卑而易行。俗之所欲，因而予之；俗之所否，因而去之。"（《史记·管晏列传》）核心是"令顺民心"，以民为本，顺应百姓的需求。

"修旧法"的第一步是"定民之居，成民之事"，让百姓"安居乐业"。他建议根据士、农、工、商"四民"的特点让他们分类居住，将士人安排在清静之处，把工匠安排在官府附近，把商人安排在集市边上，把农民安排在田野之旁。这样士人空闲时可以聚集在一起谈礼义、论孝道，士人之子从小耳濡目染，思想安定，代代相传；同理，让那些工匠聚集而居方便他们谈论工作，交流技艺，展示成果，工匠之子受到熏陶，可以子承父业；商人聚集在一起居住，便于谈论生财之道，展示经营手段，商人子弟无须费力就能掌握经商之道，可以世代为商；农民聚集在一起，根据不同季节，准备农事用具，农人之子从小受到影响，将安于农事，不会见异思迁。在桓公的支持下，管仲把全国划分为二十一个乡：工匠和商人占六个，士人和农民占十五个，并设专员管理。管仲的这种思想在现代眼光看来，颇有阶层决定论的色彩，会导致阶层固化，然而当时的齐国民生凋敝、百废待兴，管仲的这一举措能够有效地稳定民心，恢复生产。

与"定民之居，成民之事"相应的是税收改革，管仲制定的税收改革政策中，很重要的一项是"相地而衰征"。"相地而衰征"，顾名思义，就是按照土地的肥瘠程度，因"地"而异来征税，这样做保证了赋税的公平、公正，因而深得民心。同时，管仲还承认土地的私有制，承认私田种植、私家开垦荒地的合法性，很大程度上提高了土地的使用效率，让农民安居乐业，有效地发展了农业。在经济领域，管仲也有一系列富于创见的举措，他借齐国濒海的地理优势，大力发展渔盐等贸易，推行

"关市几而不征"的政策；进口方面，对其他诸侯国商人的货品，仅作检查，免于征税；出口方面，对本国出口的渔盐商品，免征税收，以"免税"的方式打破贸易壁垒，鼓励国家间通商和商品的流通，带动了齐国的经济繁荣，也在短时间内使齐国原本空虚的国库得以充实，从这几项税收政策可看出管仲的经济智慧和现代眼光。

"作内政而寄军令"

管仲"修旧法"还有一个不容忽视的方面是军事。我们都知道，强兵是强国的基础，而在诸侯割据的纷乱形势下，强兵就显得更为重要了。管仲的强兵很有策略，他对桓公说，如果您整顿军队、修造盔甲兵器，其他大国诸侯也会跟进，而小国诸侯也有防御的准备，您若想要在短时间内得志于天下诸侯，就不能在明处大张旗鼓地发展军事，得暗中筹谋。他给桓公的建议是"作内政而寄军令焉"，隐蔽地把战备寄寓在政令之中，这就是管仲的强兵之策。他将百姓的户籍组织与军队组织有机地结合起来：五家为一轨，五人为一伍，设轨长；十轨为一里，五十人为小戎，设有司；四里为一连，二百人为一卒，设连长；十连为一乡，二千人为一旅，设良人；五个乡是一帅，正好一万人，编成一个军，设卿统率。这样一来，全国百姓可编为三军，由国君亲自统帅。以"春猎"的名义来整编军队，以"秋猎"的名义来操练军队。如此，军民合一，齐心协力，同仇敌忾。管仲关于强兵的天才设想，使齐国在不知不觉中铸就了一支虎狼之师。

除了"寄军令"，在"作内政"方面，管仲有继承传统"礼法"的一面，比如《管子》开篇就提道："守国之度，在饰四维。……四维不张，国乃灭亡。"此"四维"乃"礼""义""廉""耻"。从《管子》的表述，我们可以看到管仲对"礼"的重视。但管仲对旧有的礼法并不是全盘接收，而是有选择地扬弃，这也是他"修旧法"的重要部分。《管子·牧民》篇指出："仓廪实则知礼节，衣食足则知荣辱，上服度则六亲固，四维张则君令行。"以上论断很好地反映了管仲的法治思想，一方面他并没有否定、抛弃"礼节"，认为实现"礼"的前提是"仓廪实""衣食足"，其"令顺民心"的"修法"是建立在富民利民的基础之上的，也就是我们现在常说的"经济基础决定上层建筑"。再比如他的用人制度改革，打破周礼的"亲亲"原则，定下"士无世官"的规则，打破贵族世袭官僚的旧制，提出"匹夫有善，可得而举"的制度，不问出身，选贤任能，规定乡大夫推举人才，有才不举，以"蔽明""蔽贤"之罪论处。他鼓励齐桓公亲自参与选拔了一批非贵族官宦出身的贤才，这些人才后来都成为齐桓公的政治智囊，为桓公实现霸业推波助澜。

管仲的一系列制度改革，卓有成效地加强了齐国的经济、军事、政治实力，其依法治国、鼓励耕战、广揽人才的举措与后世法家所倡不谋而合，无怪乎后人将之视为法家先驱。

子产『铸刑书于鼎』的法制革新

公孙侨（？—前 522 年），出身郑国上卿，是春秋时期享有盛名的改革家，也是与管仲齐名的变法先驱，相比其姓名，他的字——子产恐怕更广为人知。郑国不是传统意义上的大国，国君是周天子的后裔，其地理位置很特殊，东临鲁、宋，西、北面对成周、卫、晋，西南与陈、蔡、楚地接壤，周围还有不少姬姓、姜姓、偃姓、嬴姓的小国，借《国语·郑语》的话，与之相邻的不是"王之支子母弟甥舅"，就是"蛮荆戎狄之人"。因此，郑国是中原各路诸侯与南方强楚之间的战略要冲，郑国的君民可谓夹缝之中求生存。而子产在郑国执政期间，开展了一系列政治、经济、法律制度的改革，使郑国得以在列强的包围下屹立不倒，有所发展。

不毁乡校

关于子产，最为家喻户晓的恐怕是"不毁乡校"的故事。何谓"乡校"?《孟子·滕文公上》曰："设为庠序学校以教之：庠者，养也，校者，教也，序者，射也。"实际上，所谓庠、序、校就是古代村社中的公共建筑，是村社成员公共集会和活动的场所，兼有会议室、学校、礼堂、俱乐部等多种功能。这种庠、序、校的制度到春秋时期在中原地区是很流行的，人们也经常在这里议论国家大事，议论执政、施政的优劣得失。在当时郑国的乡校中，子产的布政、施政自然是人们议论的焦点。郑国大夫然明建议子产废除乡校，好抑制百姓对其施政评头论足。但子产认为，老百姓在一天劳作之余到乡校彼此交流，议论时政，这是民意，不正是施政的风向标吗？子产说："我闻忠善以损怨，不闻作威以防怨。岂不遽止？然犹防川。大决所犯，伤人必多，吾不克救也；不如小决使道，不如吾闻而药之也。"这段话颇有政治智慧，古人云："防民之口甚于防川"，防百姓之"怨"就好像防河水溃决一样，若河水冲毁堤坝，大决口所造成的损害是很难挽救的；不如开个小口导流，让百姓适当地说出想法，发泄情绪。另一方面，执政者在听取百姓议论后，把它当作治愈施政弊病的良药，这不失为一件两全其美之事。子产的这一做法，是他对原始民主传统的尊重，也是他处理国内矛盾的一种策略。然明听后，心悦诚服，自愧弗如，为郑国有子产这样的执政者而深感庆幸。

"都鄙有章，上下有服"

子产是贵族出身，他是郑穆公的孙子，其家族是赫赫有名的"七穆"，也就是郑穆公子孙七族中的"国氏"，但可贵的是，他并没有局限于自己的贵族出身。郑国内部贵族间的矛盾历来尖锐，"族大宠多"是由来已久的历史问题。子产年少时曾深受贵族的倾轧之苦，他对贵族的贪婪、霸道、腐败一直心存不满，他执政后的首要措施就是整顿田制，"作封洫"，将都邑、郊野的所有土地重新划分，明确土地、房屋的所有权。

他又重新划分了等级秩序，明确了贵族内部的等级尊卑，对于那些安分守法的贵族予以奖赏，严惩那些违法僭越的贵族。

当时郑国的贵族权臣子皙暴虐、骄横，他不仅诛灭了与之实力相当的伯有一族，而且还不把国君放在眼里，并漠视法度，为所欲为。郑国人徐吾犯的妹妹十分美丽，公孙楚（子南）已经下聘礼准备迎娶她，不料被子皙看中，强行夺娶，于是引起与子南一族的争斗。子产采取以退为进的策略，欲擒故纵，他将族势较弱的子南放逐国外，看似欺弱，实则借此举保护子南一族，并让子皙放松警惕，待到郑国六卿一致申讨子皙之时，子产不失时机地派人公布其"专伐伯有""昆弟争室""矫君位"三罪，毫不留情地将子皙绳之以法。子产以法诛除子皙，进一步规范了贵族的权责，也使郑国内部各方贵族的势力得以平衡。

对于农民，他也以伍为单位将他们编制起来。三年以后，他的改革成效显著，史书称其改革实现了"都鄙有章，上下有服"的目标。何为"都鄙有章，上下有服"？字面意思就是：无论是国都大邑还是边远地区，在车马、服饰等方面均遵从规则。简单说，就是国家上下遵循礼义法度，秩序井然。由于政绩卓著，子产深受爱戴，百姓自发编民谣来歌颂他："我有子弟，子产教诲他们；我有田地，子产增益他们；子产如果死了，谁来继承他呢？"

铸刑书于鼎

子产对中国历史最重要的贡献莫过于在公元前536年"铸刑书"，即把国家的刑法条文铸在鼎之上，这是中国历史上第一次把刑法公之于众，要求社会上下都照此执行。然而这一做法引发了郑国乃至其他诸侯国上层的轩然大波，晋国大夫叔向派使者给子产送了一封信表达了强烈不满，《左传·襄公六年》详细记载了这一事件，叔向在信中写道："当初我对你在郑国执政寄予厚望，现在见你这样就不抱希望了！你任郑国国相，'作封洫，立谤政'，想要有所作为，引来许多人的责难，如今你又制定刑法铸于鼎，想要安定百姓，不是很难吗？你这样做的结果，最终将使郑国走向灭亡。"子产对叔向的指责颇不以为然，他写信回复："侨不才，虽不能看得远，但我的做法是为了挽救这个世道，我不能接受你意见。"两封书信背后代表了关于"铸刑书"的两种立场的激烈论争。子产铸刑书二十三年后，晋国国相范宣子、大夫赵鞅和中行寅也在汝水之滨铸造刑鼎，这一举动再次引起强烈的反响，最有代表性的是孔子的评论："晋其亡乎！失其度矣。夫晋国将守唐叔之所受法度，以经纬其民，卿大夫以序守之。民是以能尊其贵，贵是以能守其业。贵贱不愆，所谓度也……今弃是度也，而为刑鼎，民在鼎矣，何以尊贵？贵何业之守？贵贱无序，何以为国？"

孔子与叔向的立场基本上一致，都把铸刑书看作是亡国之大事。那么，叔向和孔子为什么对"郑人铸刑书"如此深恶痛绝？"法"的观念由来已久，早在先王时期，就已经"严断刑罚以威其淫"，只不过是"议事以制，不为刑辟"。也就是说首领们就事论事，相互商量该如何处理，并不制订法律条文。至于夏商周三代，已有"三辟"——《禹刑》《汤刑》和《九刑》三部法典。在"郑人铸刑书"之前，历朝历代早已产生较为详尽的法律条文，因此叔向与孔子反对的不是颁布法律条文，而是将法律铸于鼎公布于众的做法。一直以来，法律的具体条文一直掌握在统治阶级手中，决不公布于众的。因为一方面，如孔子所论，其中蕴含着"礼治"与"法治"的冲突，春秋之前始终保持着"礼治"的传统，"礼"的基本原则是"亲亲尊尊""君君臣臣父父子子"，"法"不过是礼治的辅助工具而已，其功能是维护森严的等级制度。但是，"法"的本质却在于平等，铸刑鼎撼动了传统"亲亲尊尊"的礼治，更趋向于平等公正的"法治"，所以孔子会痛斥"贵贱无序，何以为国"；另一方面，如唐人孔颖达在

《春秋左传正义》中的解释："但共犯一法，情有浅深，或轻而难原，或重而可恕，临其时事，议其重轻，虽依准旧条，而断有出入，不豫设定法告示下民，令不测其浅深，常畏威而惧罪也。"百姓知道犯法必严惩即可，不需要知道法律的具体细节，这样更容易建立统治者的权威，使百姓常常畏惧法令而惴惴不安，而更重要的是"断有出入"，法律不明文公示，为统治者任意施法留有余地。子产首铸"刑书"，改变了法律神秘莫测的状态，打破了贵族对法律的垄断，限制了他们执法随心所欲、"断有出入"的特权。因此，子产"铸刑书"是我国古代法制史上具有划时代意义的事件，是春秋时期社会统治由"礼治"转向"法治"的里程碑，对其后法律思想和制度的发展也具有深远的影响。后世之人将子产"铸刑鼎"的时代意义与古巴比伦王汉谟拉比刻于石柱上的《汉谟拉比法典》相提并论，传为美谈。

子产在郑国执政二十余年间，始终践行"宽猛相济"的政策，"宽"即为政必以德、稳定民心的怀柔政策，我们可以从他不毁乡校、尊重民意上看出他的施政之宽；"猛"即处法抱威，厉行改革，以"猛"理政，他大刀阔斧地整顿田制，坚决惩治违法的权贵，并力排众议将法令铸于鼎，昭告百姓，晚年更是主张以"猛"服民，行刑严厉。这两手政策衍生出后世儒家、法家的理论，儒家发展了他以"宽"治民的观点，主张"德主刑辅"，法家则继承了他以"猛"服民的思想，将之发展为"以刑去刑"的理论。

孙子修道保法以治兵

孙子（约前 545 年—前 470 年），名武，齐国人，春秋末期兵家代表人物。我国古代法律的重要源头之一即是"兵"，历来就有"兵刑不分，刑始于兵"的说法，而早期施刑的刑具就是兵器，因此，兵家与法家的关系不言自明。孙武便是当时严明赏罚、以法治兵的典范。

以法治军

以法治军，是兵家的核心思想。《史记·孙子吴起列传》记载了这样一个故事。孙武带着自己所著兵法从齐国来到吴国，吴王阖闾接见他，吴王问道："先生的十三篇兵法，寡人已全部拜读，先生可以尝试着为寡人实际演练一下吗？"孙武一口答应，阖闾故意给他出了一道难题："先生能用后宫妇女来演练兵法吗？"孙武说："当然可以。"于是阖闾从宫中选出美女一百八十人让孙武操演兵法。孙武把她们分为两队，分别任命吴王的宠姬二人担任两队的队长，让美人们全部持戟，对她们说："你们知道心口、左手、右手和背的方向吗？"美人们纷纷回答："知道。"孙武边演示边说："前方是按心口所向，左方是按左手所向，右方是按右手所向，后方是按背所向。"美人们纷纷回答："明白了。"规定宣布清楚后，孙武陈设斧钺，当场重复了多遍，然后用鼓声指挥她们向右，美人们听到指令大笑起来。孙武说："规定不明，申说不够，这是将领的过错。"于是再次重复了几遍，然后击鼓指挥她们向左行进，美人们又放声大笑，不听指令。孙子道："如果规定不明，申说不够清楚，那是将领的过错；但已经讲清却还是不按照口令行事，就是队长的过错了。"说罢要将两队队长斩首示众。此时，吴王阖闾在观礼台上见到两位爱姬将要被行刑问斩，大惊失色，连忙派使者传令说："大王已知孙先生善于治军用兵，但这两个爱姬侍奉大王多年，若没有她们，大王将食不香，寝不安，就请先生不要较真，网开一面吧。"孙武却坚持道："既然臣下已受命为将，将在军中，可以便宜行事，不从君令。"于是还是将两位队长斩首了，并以另外两名美姬接替队长之位，继续操练这个"后宫兵团"。那些美人一听鼓声，前后左右，跪下起立，立刻中规中矩，丝毫不敢怠慢，竟没有一个人做错，也没有一个人敢出声抱怨。然后孙武派使者回报吴王说："兵阵已齐整，大王可以亲自检阅，她们全凭大王调遣，哪怕是赴汤蹈火，也在所不辞。"吴王因为痛失两名爱姬，心里颇不好受，哪有心情下台检阅，就回说："将军请回客舍休息，寡人不愿下台观看。"孙武针锋相对："大王只不过是喜欢我书上的'言'，并不能真正领会其中实际的要义。"吴王阖闾虽然失去了两位爱姬，但也通过这件事情领教了孙武"以法治军"的成效，他毕竟是惜才爱才之人，最终还是理智战胜了情感，任孙武为将。

这则故事充分体现了孙武对"法"的重视，他在《孙子兵法·始计》中提出，作战前要"经之以五事，校之以计而索其情：一曰道，二曰天，三曰地，四曰将，五曰法。……法者，曲制、官道、主用也"。也就是说，在作战、练兵过程中，应当把法作为与政治、天候、地形、统帅同等的因素相提并论；军队的组织编制、治理整肃、开支费用必须有相应的法令规章。他认为，从"法令孰行""赏罚孰明"这两方面，就可以推知战争的胜负了，因为"善用兵者，修道而保法，故能为胜败之政"。孙子"以法治军"对吴王后宫佳丽尚且有效，更不消说行伍之中的铮铮铁汉了。由于他治军得法，吴国在起用他之后，军队的战斗力迅速提升，击破强楚，攻入郢都，北威齐、晋，扬名于诸侯。

赏罚严明

军队征战沙场，要想克敌制胜，毫无疑问，战斗力是关键，而严明的军纪是保证军队作战能力的基础。严明赏罚，实际上是以法治军的具体化。孙子严明赏罚的主要举措如下：

首先，要申令明确，使士兵人人知晓，若申令不明，则罪责在将，三令五申之下，军士再违反军纪，则当严惩。"约束既布，乃设斧钺，即三令五申之……约束不明，申令不熟，将之罪也；既已明而不如法者，吏士之罪也。"（《史记·孙子吴起列传》）其次，要赏罚有信，军纪严格。孙子认为"智、信、仁、勇、严"是为将者当具备的品质，"威行于众，严行于吏，三军信其将畏威者，乘其适敌。"所谓的"军令如山"，我们可以将其拆分开来理解，一方面是为将者以其威势严明军纪，实施军法，士卒对将帅心存敬畏，方能做到令必行，禁必止；另一方面，赏罚公正，全军上下一视同仁，将帅违纪，与士卒同罪。第三，军纪赏罚不限于战争之时，还应当贯彻在平时的训练之中，如此才能练就一支纪律严明的军队。第四，特殊情况下，可"施无法之赏，悬无政之令"（《孙子兵法·九地》），也就是说，在深入敌国重地、处于危急境况、陷入生死绝境的情况下，应当施行特殊的奖励，以鼓舞士气，激励战士，置之死地而后生。

　　更难能可贵的是，孙子虽重视赏罚，却又不一味地以刑罚威众，他同样重视教育、德爱的功用，他很清楚要想士兵自愿出生入死报效国家，必须恩威并施，"令文齐武"，道义教化与军纪军法双管齐下。《孙子兵法·行军》曰："卒未亲附而罚之，则不服，不服则难用。卒已亲附而罚不行，则不可用。故令之以文，齐之以武，是谓必取。令素行以教其民，则民服；令不素行以教其民，则民不服。令素行者，与众相得也。"说到底，赏罚只是手段，并非目的，其目的是使军士亲附、心服，从而驰骋疆场，为国效力，内心不服就不能自觉服从命令，更不可能上下一心，同仇敌忾，所以在严明军令以外，还当以德来调和，施以教化，刚柔并济、德刑并施无疑是治军的最高境界。

　　孙子曰："兵者，诡道也。"用兵之法是以智谋为支撑的，但智谋之学毕竟是"诡诈之道"，因此，后世不少学者认为孙子的"修道保法"思想本质上不外乎一种"智术"，带有克敌制胜的功利目的，然而，无论如何，他机智地调和了"法"和"德"之间的关系，为后世兵家依法治军留下了范本。

李悝（前 455 年—前 395 年），战国初期魏国人。史书中记载的"李克"和他是同一个人，后人常常将之尊为法家学派的创始人。赵魏韩三家分晋通常被认为是春秋与战国的分界，魏文侯是一位有为之主，他在战国初年最早开始变法改革，旨在富国强兵，他礼贤下士，广纳贤才，李悝就是他实行变法革新的核心人物。李悝的事迹散见于《左传》《国语》《韩非子》《史记》《汉书》等文献之中。

由儒入法

李悝虽被誉为法家始祖，但实际上，他是儒家的后学，他的老师是孔子的弟子子夏，其政治思想中也含有儒家思想的烙印。史书中记有这样一个故事。魏文侯刚起用李悝时，很欣赏其才干，将其视作智囊，他想要立新相，在魏成、翟璜两人中权衡不下，就想要李悝拿主意，但是李悝人微言轻，不便直接发表看法，他就委婉地对文侯说："主公用人向来是有标准的，平时看他与哪类人交往，富有时看他钱用在何处，得势时看他举荐何人，困境时看他能否不失志向，贫苦时看他能否守住清白，不取不义之财。有这五条就足够看出一个人的品质，而定何人为相了。"魏文侯笑着说："先生请回吧，寡人的相国已经选定了。"后来魏文侯选择魏成为相，翟璜生气地问李悝："我举荐了吴起、西门豹、乐羊等一干人使魏国强大起来，我哪点比不上魏成，你却建议主公选魏成当相国？"李悝没有急着为自己辩护，等翟璜气息稍稍平静下来，才说："选魏成只是我的猜测，我之所以这么猜，是感到魏成处世为人非比寻常，魏成食禄千钟，将十分之九分给了手下及一般穷人，自己只用十分之一。他向魏文侯举荐的田子方、段干木等人，主公均以师礼相待，而你食禄无一外用，所荐五人，主公均以臣子相待，财用显其志节，荐才见其品位，你能同魏成相比吗？"一番话说得翟璜无地自容。从李悝的表述中，我们可以看到以道德自恃、为王者师的儒家气度。李悝可称得上是由儒入法、儒法结合的典范。

"夺淫民之禄，以来四方之士"

李悝执政后进行政治改革的重要措施，概言之就是将"用人"制度化、法律化。史载，魏文侯曾就变法一事问政于李悝，李悝回答说："首要的任务是'夺淫民之禄，以来四方之士'。"所谓淫民，就是指那些"其父有功而禄，其子无功而食之"的贵族及其子弟，这类人"出则乘车马，衣美裘，以为荣华，入则修竽瑟钟石之声，而安其子女之乐，以乱乡曲之教，如此者，夺其禄以来四方之士，此之谓夺淫民也"。在李悝看来，这些人无才无识，毫无进取心，却因为出身世家享受着超出其自身能力的爵位俸禄，侵占了国内的大部分政治资源和经济资源，是国家发展的阻力。因此，要富国强兵，首先必须剥夺那些"淫民"不该占用的资源，然后，用这些资源招徕四方有才学之士，任之以官，授之以爵禄。李悝为魏文侯订立的用人制度，打破了世卿世禄的贵族世袭旧制，使那些无功、无才又不能与时俱进的旧贵族因此丧失了政治特权，退出了政治舞台，还从"士"阶层中选拔了一批贤才，委以重任，为魏国官僚群体注入了新鲜血液。此外，李悝主张"为国之道，食有劳而禄有功，使有能而赏必行、罚必当"。对所用之人，一定要赏罚分明，有功之人不吝惜赏赐，有罪之人绝不姑息，按律处罚，这与"夺淫民之禄"的政策相结合，使得吴起、乐羊、西门豹等贤才能士大放异彩，也使魏国迅速跻身强国之列。

尽地力之教

要想富国，经济改革是重中之重。在司马迁看来，李悝变法之根本乃"尽地力之教"。《史记·平准书》曰："魏用李克，尽地力，为强君。"那么，李悝是如何"尽地力"的呢？首先，他在国内做了深入的调查，算了几笔账，第一笔账：魏国土地九万顷，除去三分之一的山地、湖泊，剩下六百万亩的耕地，如果农民尽力耕种，每亩可多打三斗粮，如果不努力耕种，则少打三斗粮，按照这样计算，一年下来，百里之地，可增产或减产一百八十万石。第二笔账：普通农民以五口之家种植一百亩良田计算，即使是收成好的年份，他们首先得交纳赋税，然后还要自留口粮，支付农具费用，购买生活必需品，这样算下来一年到头很难有积蓄，如果遇上灾年或是家里的变故，连吃饭问题都难以解决，农民的生活无保障，生产的积极性自然不会高。基于调查研究和两笔账，李悝明令废除井田制。不少学者认为"废井田"是商鞅首先提出的，据考证，李悝先于商鞅半个多世纪就提出了。"废井田"很大程度上承认土地私有，保障了农民的个体利益。在此基础上，李悝着力"尽地力之教"，劝导百姓"力耕数耘"，立法奖励增产者，惩罚减产者，他鼓励农民尽可能地利用一切可利用的耕地发展农业。在他的调动之下，魏国农民在房前屋后，甚至边地疆场都种上了粮食、瓜果、蔬菜，并竭力提高产量，"尽地力"的政策提高了农事生产的效率，增加了国家收入，也保障了农民的收益，实现国家与百姓的双赢互惠。

"尽地力"政策的持续贯彻施行，前提是农民安居，安居方能乐业，社会稳定，才能保证有充足的劳力。基于此，李悝提出"善平籴"之策，"籴"与"粜"相对，特指买进粮食。李悝的"平籴法"放在今天就是对粮食的宏观调控，李悝认为："籴甚贵伤民，甚贱伤农。民伤则离散，农伤则国贫"，"民伤国贫"则容易引发内乱。所谓"平籴"就是在丰年时政府平价购买粮食，荒年时候再平价售出，从而防止商人在灾年哄抬粮价，预防农民破产与城市平民流亡的现象。"平籴法"深得民心，据史载，魏国实行"平籴法"后，"国以富强"。

"射的决狱"

李悝"射的决狱"在历史上也甚为有名，《韩非子·内储说上》载："李悝为魏文侯上地之守，而欲人之善射也，乃下令曰：'人之有狐疑之讼者，令之射的，中之者胜，不中者负。'令下而人皆疾习射，日夜不休。及与秦人战，大败之，以人之善战射也。"李悝曾任上地郡守，上地毗邻秦国西北边境，时有战争。为了提高军民的战斗力，李悝下令用射箭的方式来决定那些疑难诉讼的胜负，使得当地的百姓都自发地练习射箭，昼夜不停。我们不得不惊叹于李悝作为政治家的"牧民"之术，李悝意识到司法判决是一种有效的利益资源，民众不可能人人遭遇诉讼，即使遭遇诉讼也不可能总是疑难案件，但人趋利避害的天性会使他们在能力范围内选择"有备无患"。在李悝"射的决狱"的诱导下，民众对于提高"射术"趋之若鹜。其"牧民"手法可谓炉火纯青。李悝"射的决狱"本质上是通过法律政策方面的变革实现强兵之军事目的。如今，我们在说到法家时，总是津津乐道于商鞅的"立木取信"，为着说明"信赏"对民众的驱动力，而李悝"射的决狱"则反映了施政者超越惯常的物质利益手段，用司法判决结果诱惑百姓，统治者则不费吹灰之力坐收强兵富国之利，相较之下，李悝更懂得利用权术及人心。《韩非子》将"射的决狱"记录在案，足见对李悝政治智慧的叹服。

编撰《法经》

李悝之所以被誉为法家学派的奠基者，不仅在于变法改革之功（在他之前就有不少锐意进取的变法改革家，如管仲、子产），其贡献更在于他把多年的变法实践经验付诸文字，进行理论总结，撰写了中国历史上第一部系统的法典——《法经》，自此法家学派正式形成。然而，时代悠久，战争频仍，如今我们已很难还原《法经》的本来样貌，只能在后世学者的记述中，通过一鳞半爪知晓其概况和精髓。

据《晋书·刑法志》《唐律疏议》载，李悝所著《法经》共有六篇——《盗法》、《贼法》、《网法》（《囚法》）、《捕法》、《杂法》、《具法》。这六篇的排序蕴含着一定的逻辑，他将《盗法》《贼法》列为第一、第二篇，提出了"王者之政，莫急于盗贼"的观点，意为要将国家治理好，建立王者之政，当务之急就是要严惩盗贼。在古代"盗"与"贼"的含义有所不同，"盗"通常指盗取、抢劫财物，"贼"是指犯上作乱和对人身的侵犯，毁法叛乱、行凶杀人，程度较"盗"更甚。但无论是"盗"还是"贼"，多半是农民在走投无路情况下的无奈选择。而《网法》《捕法》则是抓捕、囚禁、断狱的具体方式，《杂法》是对前几篇的补充，对"轻狡、越城、博戏、假借、不廉、淫侈"等违法行为的处罚进行说明，

《具法》则是根据具体情节关于加重或减轻刑罚的规定。

　　《法经》中的前四篇（《盗法》《贼法》《网法》和《捕法》）统称为"正律"，其指导思想是重刑惩戒和威慑以避免民众犯罪，东汉思想家桓谭称《法经》"深文峻法"。我们可以看看其中的一些具体规定来直观感受一下"深文峻法"：《盗法》规定，"大盗"要充军到边疆去当守兵，重的判死罪。《贼法》规定，杀人要处死刑；还规定路上拾遗的要处刖刑，即砍下脚的酷刑。在《杂法》中，越城（翻越城墙）、博戏（聚众赌博）、不廉（受贿）等行为都将处以重刑。值得一提的是，在《法经》中"刑不上大夫"的贵族特权被推翻，"大夫之家有侯物，自一以上者族"，若大夫之家藏有一件诸侯以上等级应有的物品，就要满门抄斩。

　　对于并不严重的犯罪施以严厉的刑罚，其主要目的是维持社会治安、维护国家内部的等级，从《盗法》到《具法》，《法经》从本质上是为统治者服务的，保护的是统治者的财产财富、权力地位，但它系统地呈现了法律条例和程序，将法令上升为法典，成为后世法典的雏形，即使在清代的法典中，我们仍能看见《法经》的影子。

吴起（前 440 年—前 381 年）是继李悝之后战国时期又一位重要的法家，不过更多时候他是以"一代名将"的身份为后世所铭记，司马迁在《史记》中将他与孙子合传，然而，事实上，吴起的命运与变法休戚相关，他因变法改革而平步青云，又因变法改革而身首异处。

"不孝不仁"

相比其他法家，吴起有一份更为丰富的履历表，不过履历丰富同时也意味着经历坎坷多变故。吴起是卫国人，父亲是一位富商。卫国地处三晋之间，是中原水路交通的枢纽，经济文化较为繁荣。吴起自幼野心勃勃，不甘平庸，喜欢舞刀弄棒，不事生产，他的母亲对此颇为反感，常常责怪他不务正业。吴起在卫国谋不到好差事，又把家里积蓄的千金家产荡尽，同乡邻里讥笑他无才无能，他一怒之下杀掉三十多个讥笑自己的人，身犯重法，只好匆忙整理行囊，远走他乡。临行前，他和母亲诀别，咬着自己的胳膊指天发誓："我吴起若不做卿相，绝不再回卫国。"

他先是来到鲁国，拜在曾参门下，他学习非常刻苦，攻读数年，不曾回家探望老母，旁人问他原因，他总是沉默不应，后来家乡传来了他老母病故的消息，他放声痛哭，后读书如故，并不回家奔丧，这在旁人看来是大"不孝"。他的老师曾子乃儒学名士，尤其重视孝道，因此怒斥吴起，与他断绝了师生关系，将他逐出师门。被逐后的吴起，觉得儒生迂腐，因而憎恶儒学，开始转学兵法，三年后，投奔鲁君，逐渐受鲁君重用。

其后，齐国的军队攻打鲁国，鲁侯想任吴起为将军，但考虑到吴起的妻子是齐国人，怕他会与齐国有往来，因而犹豫不决。吴起知道鲁侯的顾虑后，一心想功成名就的他，果断地杀掉了自己的妻子，然后进宫亲自向鲁侯表明他忠诚，鲁侯也最终拿定了主意任命他做了将军。吴起巧施妙计，一战重创齐军。就在吴起认为自己一战成名，可以飞黄腾达之际，鲁国的朝野上下开始了对吴起的诽谤，他们挖出了吴起早年种种不堪的经历，又拿他杀妻做文章，对于大家口中的那个"不孝不仁"之人，鲁侯很难信任重用，因此对他一直是若即若离的态度。吴起在鲁国看不到希望，又听说魏文侯励精图治，广纳贤士，就赶去了魏国。

西河变法

魏文侯问李悝："你看吴起这个人怎么样？"李悝虽否定了他的人品，却肯定了他的将才："吴起这个人贪恋名利且爱好女色，然而要论带兵打仗，就是司马穰苴也没法同他相比。"听了李悝的话，魏文侯果断任用他为主将，攻打秦国，吴起果然不负众望，夺取了秦国五座城池，魏文侯在这五座城池的基础上建立了西河郡。

吴起的军队为何有如此高的战斗力？传说，吴起深谙"怀柔"之术，治军很有一套，他任主将，穿下等兵士的衣服，吃下等兵士的伙食，"卧不设席，行不骑乘，亲裹赢粮"，和士兵们同甘共苦。有个士兵生了恶性毒疮，身为大将的吴起不仅亲自为他端水送药，还替他吸吮脓液。这个士兵的母亲听说后，就放声大哭。有人说："你儿子只是个无名小卒，将军如此待他，你还哭什么呢？"那位母亲的回答颇为耐人寻味："过去吴将军替他父亲吮毒疮，他父亲在战场上冲锋陷阵，最终战死沙场。如今吴将军又给我儿子吮毒疮，我儿子能不把性命交托给吴将军吗？"

魏文侯因为吴起善于用兵打仗，治军有方，能赢得将士的爱戴，任命吴起为西河郡守。当初吴起在鲁国时就听闻李悝以法治国的事迹，是李悝忠实的拥趸，如今身为一郡长官，他想以李悝变法为蓝本，在刚建立的西河郡施行改革，做出一番事业。西河刚刚划入魏国版图，百姓对魏国的变法还不是很了解，要顺利实现改革，必先取信于民。于是吴起派人在南边城门立上一根柱子，柱子只是用泥土浅浅地埋着，边上贴着一张告示："明天如果有人把这根柱子推倒，就命此人为长大夫。"路过的百姓都觉得天下哪有这般好事，一定是官府在开玩笑，走过的路过的大多没把这告示放在心上，有一个好事者觉得不妨试试，推倒了这根摇摇欲坠的柱子，他果真被任命长大夫。自此，吴起在百姓心中树立了"言必信，行必果"的威信，只有百姓相信政府在下达命令后会不折不扣地执行，他们才可能严肃对待并遵守政府颁布的法律。

取信于民后，吴起遵照李悝的做法，在西河郡推行了"尽地力之教"和"平籴法"，在用人方面也仿照李悝，提出了"贤者居上，不肖者居下"的政策，不问出身，只计功劳，他将这一用人方针与治军结合，在西河建立起了一支威震列国的"武卒"。据载，他选拔士兵的标准极为严格，士兵需披上沉重的盔甲，携十二石拉力的强弩、五十支利箭，扛上长矛，佩短剑，背上三天吃的干粮，在一天之内行军百里，才能通过考核，进入"武卒"之列。正因为考核如此严格，吴起的"武卒"才具有强大的战斗力，创下了不败的惊人战迹，"大战七十六，全胜六十四，余则钧解（不分胜负）"。

吴起将自己行军用兵的经验总结为"四轻""二重""一信"。"四轻"指战前对马车、战车、武器、甲胄等军用物资和行军路线作充分准备，让军士轻装上阵；"二重"是前进重赏，后退重罚；"一信"指赏罚守信。这三条治军准则显然是由法家思想支撑起来的，吴起的实践证明，法家思想巧用于治军必将取得辉煌的成就。

吴起的举措有效地调动起了当地军民的积极性，这块原本属于秦国的土地在吴起的治理下迅速发展，西河在改革变法的二十年间，没有任何形式的反抗、起义，吴起将西河郡打造成魏国西部边境的钢铁长城，使秦国心存畏惧而不敢越国界。

变法夭折

魏文侯去世以后，魏武侯执政，吴起因其才能受到魏国权臣公叔痤的猜忌，他设计让魏武侯猜疑吴起，吴起恐遭暗算，转而投奔楚国。在楚国，吴起遇到了他的知己——楚悼王，终于实现了他位列卿相的人生理想。

身为国相，吴起有了更大的施展空间，他决心在楚国大刀阔斧地实施改革。在与楚悼王的首次见面时，他就指出楚国幅员辽阔，却始终发展不起来的原因在于其臃肿的官僚体系。昭、屈、景等楚国旧贵族牢牢掌握着权力，然而这些贵族的子弟大多是无能之辈，尸位素餐，占用了楚国的大部分资源。因此，削弱楚国的旧贵族势力，为官僚体系"瘦身"，裁减冗员，减免对王族的按例供给，才能取贤任能，政治清明，这一观点其实就是李悝"夺淫民之禄"的翻版。

在获得楚王的认可后，吴起开始着手推进改革，他以李悝的《法经》

为蓝本，在楚国颁布了系统的成文法，让全国上下"明法审令"，对新法令有充分的了解。然后，他开始向楚国绵延数百年的分封制度进行挑战，以此蚕食贵族的权力，他规定受过分封和领土的贵族，只要爵位传了三代，就要将爵位、土地收归国有；他又着手废除了一大批宗室远亲的谱籍，将他们剔除出贵族队伍，对于反对变法的贵族大臣，吴起逐步降低他们的官职，削弱他们的权力；为防止那些被削弱权力的旧贵族勾结反扑，他将他们迁到边地，分而治之。在经济上，他沿用李悝"尽地力"的政策；军事上，他又按照当年在魏国西河训练"武卒"的办法，以法治军，为楚国训练出了一支能征善战的军队，先后吞并陈、蔡，打退韩、赵、魏三国，并战胜了秦国，夺下其数个城池。

吴起的变法使得楚国一改之前疲软的颓势，让诸侯国刮目相看，可以算是卓有成效。然而，他的改革引起了楚国以昭、屈、景为首的诸多旧贵族的憎恨，那些被他削弱权势的旧族子弟个个恨不得将吴起碎尸万段，他们虽蛰伏边地，却始终等待着合适的时机进行反攻。机会很快就到来了，吴起变法强有力的支持者楚悼王突发疾病，撒手人寰，悼王一死，吴起暂停变法，着力治丧。以屈宜臼、阳成君为首的旧贵族联合起来发动骚乱，攻打吴起，吴起无路可走，只能逃到楚王停尸的地方，伏在悼王的尸体上，然而攻打吴起的那群人丝毫没有避讳，发乱箭射向吴起，同时也射中了悼王的尸体。太子即位后，就让令尹把射杀吴起时射中悼王尸体的人全部处死，由于射杀吴起而被灭族的有七十多家，吴起之死让楚国血流成河。

吴起在人生中最辉煌的时刻以一种最为惨烈的方式谢幕，他在楚国轰轰烈烈的变法改革就此夭折，吴起死后，楚国被废除的旧制又重新抬头，楚国回到了从前混混沌沌的状态。以致后人在回顾楚国历史的时候，常常不无惋惜地说，如果吴起的变法能够持续下去，那楚国很有可能走秦国式的变法图强之路，也许楚国会是书写历史的胜利者，然而历史的发展没有"如果"。

吴起变法的夭折看似偶然，实则必然。楚国地处南方，民风剽悍，文化上盛行原始巫风，政治上奴隶制度根深蒂固，贵族势力盘根错节，尤其是昭、屈、景三族的势力难以撼动。相比之下，处于中原的魏国，受原始奴隶制的束缚较小，贵族势力也不如楚国那样强大，且地处三晋，四通八达，民众较易接受新鲜思想，因此在楚国变法不能照搬魏国的那套，而吴起并没有因地制宜，急于求成，在没有充分准备的情况下，对楚国的贵族实施严厉的打击，却又没有做到将其势力彻底消除，最终给了他们死灰复燃的机会，而这把火也烧毁了他自己。司马迁从性格入手分析吴起败亡之因："以刻暴少恩亡其躯"。吴起虽早年师从名儒，亦有体恤军士的"柔情"，曾在与魏武侯指画山河之际，劝谏武侯与其治国凭借地势险要，不如施民以恩德，但他本质上还是"刻暴少恩"的法家，他不奔母丧，杀妻明志，力行法制，是李悝变法的忠实实践者，虽然他的变法事业最终失败了，但他在魏国西河、在荆楚大地的锐意改革，以法强兵，留给后人一段永恒的传奇。

商君之法的成与败

商鞅（约前 395 年—前 338 年），在先秦诸多变法改革家中，他建立的功勋最为卓著。他在秦国的二十余年间，两度变法改革，使当时相对落后的秦国迅速崛起，一跃为"兵革大强，诸侯畏惧"的强国。秦始皇日后一统天下，就是靠商鞅打下的基础。

商君入秦

和吴起一样，商鞅也是卫国人，不过他的出身更高贵，是卫君姬妾所生的公子，姓公孙，本名公孙鞅，或称卫鞅。

卫鞅自小喜爱刑名法术之学，学成后，嫌卫国太小，没有足够的施展空间，就来到了邻国，也就是当时中原地区第一强国魏国，投到魏相公叔痤门下做中庶子。他还没来得及崭露头角，公叔痤就得了不治之症，不过公叔痤看出了卫鞅的才华，想在自己临死前找个机会向魏王举荐他。一次，魏惠王亲自去看望公叔痤，让公叔痤推荐一个接班人，公叔痤就趁机推荐卫鞅，然而，**魏惠王**对公叔痤的建议不以为然，并没有把卫鞅放在眼里，既没有杀他也没有用他。卫鞅也看出**魏惠王**远不及其祖**魏文侯**，魏国国势看似强盛，实则由盛及衰，正在走下坡路，他得知秦孝公在国内张榜求贤，力图恢复秦穆公的霸业，就义无反顾地离开**魏国**，西行来到秦国。

他通过秦孝公的宠臣宦官景监求见孝公。孝公听他高谈阔论，三皇五帝、道德兴亡，滔滔不绝，孝公没有打断他，但听得乏味，边听边打瞌睡，什么也没听进去。第二天，孝公便怒斥景监说："你的客人是个大言欺人之徒，你怎么介绍这样的人给寡人呢！"景监回去便责备卫鞅。卫鞅说："我不知主公的性情，便与他谈尧、舜治国之'帝道'，看来这并不符合他的志趣。"几天以后，卫鞅再次求见孝公，讲的是夏禹、商汤、周文的治国之"王道"，可这还是提不起孝公的兴趣。卫鞅求景监再为自己争取一次面见孝公的机会，这次他用春秋五霸的富国强兵的"霸道"游说孝公。孝公与他谈得非常投机，不知不觉地膝行而前，膝盖出了坐褥都浑然不知，连谈数日都不觉得厌倦。事后，景监问卫鞅："您是怎样让大王合心意的呢？"卫鞅回答说："我起初两次劝大王采用帝道和王道治国，建立夏商周那样的盛世，可大王说：'时间太长了，我不能等，何况贤主谁不希望自己在位的时候名扬天下？'所以，我用富国强兵的'霸道'劝说他，他特别高兴。然而，这样也就不能够与殷、周的德行相媲美了。"从卫鞅数次觐见秦王的游说之辞中，我们可以看出他并不全然是一副法家心肠，他从内心深处还是认同三代以来的圣王之道的，然而，世道不同了，"礼崩乐坏"的战国时代，周天子早已名存实亡，各诸侯国间为了土地、资源，不惜兵戎相见，唯有变法图强才能在乱世中立于不败之地，识时务者为俊杰，因此他选择以"霸道"事君实属顺势而为。

变法之争

卫鞅受孝公任用后不久，打算变更法度，孝公恐怕国内的贵族百姓有争议，有所顾虑。围绕变法，以卫鞅为首的"激进派"与甘龙为首的"保守派"，在秦国朝堂上展开了一场廷争。

卫鞅首先发难说："疑行无名，疑事无功。行动犹豫不决，就不会出名，行事游移不定，就不能成功。更何况超常之举，本来就容易遭世俗非议；有独立见解的思想者，必定会受到庸人的讥笑。论至德者不与世俗合流，成大功者不与一般人共谋。因此，但凡圣贤之人只要能够使国家强大，就不必沿用旧制；只要能对百姓有利，就不必遵循旧礼。"听了卫鞅的这番慷慨陈词，孝公非常赞赏，大声称"善"。

秦国世族、老臣甘龙反对说："臣以为不是这样。圣人不改变民风民俗就能施以教化，智者不改变国家成法能够成就治世。因民而教，不劳而成功；缘法而治者，吏习而民安。变法而治，只会劳师动众。"

卫鞅即刻反驳道："甘龙先生所说的，就是世俗之论啊！庸常之人安于旧有习俗，迂腐书生拘泥于书本上的知识。这两种人让他们按部就班、照章行事还可以，但和他们谈论成法以外的改革措施却跟不上思路。看看夏商周三代，可谓'不同礼而王'，再看看春秋五霸，完全是'不同法而霸'。这些都告诉我们，智者制定法度，愚人受法律制约；贤人变更礼制，庸人被礼制约束。"

左司空杜挚也站出来反对说："若无百倍之利，不必改变成法；无十倍之功，无需更换旧器。因为仿效成法不会有过失，遵循古礼不会出差错。"

卫鞅从容不迫，继续辩驳："从古至今，治世之法没有一成不变的，要想对国家有利，就不能因循守旧，仿效旧法度。汤武不沿袭旧法故能王天下，夏殷两代都是因为不变更旧礼制而灭亡的。反对旧制之人不应当受非难，而沿袭旧礼之人也不值得受褒扬。"

这是一场关于"守旧"与"立新"的论辩，两方各抒己见，各执一词，唇枪舌剑，但是判决权在决心变更新法的孝公手中，他自然站在卫鞅一边，最后卫鞅以少胜多，被任命为左庶长，孝公随即颁布"变法之令"。

改法为律，厉行新法

在秦孝公的授意下，新上任的左庶长卫鞅开始了在秦国长达二十年的变法历程。他提出了"变法修刑，内务耕稼，外劝战死之赏罚"，雷厉风行地颁布了一系列法令条款，并改法为"律"，将秦国新立之法名为"秦律"。其变法具体内容主要有以下几个方面：

其一，编制百姓，设"连坐"之法（鼓励揭发）。卫鞅将全国百姓以五家为一"伍"、十家为一"什"的形式编定户籍，还定下了"连坐"之法：一"伍"一"什"中，凡有一家犯法，其他几家无人揭发举报的，整个"伍""什"的人都要受到株连——全部处以腰斩。当然如果揭发不法行为，将有重赏，胆敢藏匿不法分子的，与投敌叛国同罪。

其二，颁布《分户令》，鼓励农耕。规定一家人中有两个或两个以上成年男子的必须分户，违者要加倍征税，这样做增加了家庭生产单位，进一步开发了农民的生产潜力，也增加了赋税的基数。新法尤其重视农业生产，由此增加财政收入以给养军队，新法规定：能向国家上交尽可能多的粮食、布帛者，可免除其赋税和劳役，那些懒惰、懈怠、不事生产者，将被收为官奴，剥夺其自由权利。

其三，严禁私斗，鼓励军功。秦人尚武，但是往往将精力放在私人恩怨上，这样既不利于社会的稳定，也不利于建立一支团结强大的军队，因此新法中明令禁止私斗，私斗者将判罪；相反将自己的武艺、气力投入战场，立下军功的，将授以上爵。

其四，限制宗室特权。秦国当时的政治权力掌握在贵族手中，国君并没有实权，因此新法中的一项重要举措就是限制宗室贵族的特权，彻底废除世卿世禄制度，规定凡是没有建立军功的宗室子弟，不再享有宗室特权；又明确规定根据军功大小确定爵位的高低等级。此项法令，一方面将散落于贵族手中的权力收回到国君手中，另一面，有利于鼓励军功、发展军事实力，也给了良家子弟凭借军功跻身贵族的机会。卫鞅的新政当然引起了秦国旧族——那些既得利益者的强烈不满。

推行新法前，卫鞅考虑到自己刚来秦国，百姓对变法的意义又不甚了解，于是首先仿照吴起"西河变法"于都城南门"立木"，规定将此木搬至北门者赏十金。百姓觉得奇怪，没人敢动，卫鞅又宣布"能把木头搬到北门的人赏五十金"，在大家议论纷纷之际，有一个人把它搬走了，当下就赏给他五十金，卫鞅借此表明"令出必行"，事后即刻颁布了新法。

新法施行了整整一年，秦国数以千计的百姓涌到国都抱怨新法难行，正在此时，太子触犯了新法，正巧撞上了"枪口"，卫鞅说："新法之所以难以推行，是因为上层之人不守法。"他坚持依新法处罚太子，但太子是国君继承人，不能施以刑罚，于是对太子的老师公子虔、公孙贾施刑。行刑后的第二天，秦人都老老实实地遵照新法了。

新法推行了十年，"道不拾遗，山无盗贼，家给人足"，百姓"勇于公战，怯于私斗，乡邑大治"。当初那些说新法不便的百姓又有不少来夸赞法令方便的，卫鞅说"这些都是扰乱教化之民"，把他们全部迁到边疆去。这以后，再没有百姓敢妄议新法了。秦孝公因为变法显著功绩，将卫鞅由左庶长提拔为大良造。

孝公十二年，秦国迁都咸阳，卫鞅又展开了第二轮变法，他废除了三代以来的井田制度，承认土地私有；在秦国建立县制，每县设立行政长官，听命于国君；在秦国境内统一度量衡，解决了原本由于度量衡不一造成的税收混乱和漏洞。

两轮变法使秦国国富兵强，卫鞅认为时机已成熟，便建议孝公以魏国为突破口向东扩展土地。孝公当即下令任命卫鞅为统帅，向魏国发动进攻。魏国出兵迎战，主将是卫鞅昔日好友公子卬，他利用公子卬对自己的信任，假意求和，设计俘虏公子卬，让魏军失去主将，不战自乱，秦兵长驱直入，杀得魏军尸横遍野，几乎全军覆没，秦人得到了魏国的西河之地，魏国因此大伤元气，迁都大梁。当年魏国从秦国手中攻下、吴起通过变法让秦国望而却步的西河之地，如今重回秦国的版图，秦孝公为奖赏卫鞅的功劳，特从西河划出十五邑的商地分封给卫鞅，号为"商君"，自此，卫鞅有了一个新的名字——商鞅。

商君之死

商鞅虽以"霸术"辅佐孝公变法图强，成效显著，但推行法令时采取的严刑峻法引起秦国朝野上下包括太子嬴驷在内的贵族和大臣的强烈不满。

公元前338年，秦孝公去世，太子驷即位，世称秦惠文王，曾经被商鞅施以刑罚的公子虔、公孙贾串通甘龙、杜挚等一班人告发商君要造反，惠文王不由分说地定商鞅为谋反罪，派人去逮捕他。商鞅逃到边境，想入住旅舍。旅舍老板说："商君有令，住店之人若无证件，一旦被查出，店主要判连坐，我不敢收留您。"商鞅第一次感到自己竟受制于"商君之法"，这是莫大的讽刺，他仰天长叹说："为法之弊竟到了这样的地步！"他离开秦国，试图潜逃到魏东山再起，魏国记得他欺骗公子卬让魏全军覆没的这笔旧账，拒绝收留他，不仅如此，还畏惧强秦的震慑，于是把商鞅遣送回秦国。商鞅再回秦国，潜逃到他的封地商邑，和他的部属发动商邑士兵北攻郑国，谋求出路，秦国出兵，把商鞅杀死在郑国渑池，把他的尸体运回秦国。秦惠文王下令将商鞅五马分尸以示众，并警示国人："不要像商鞅那样谋反！"之后，其族人受到株连，全族覆灭，先秦最伟大的变法改革家就这样结束了他波澜壮阔却饱受争议的人生。他在定秦律时，恐怕万万想不到自己订立的这些严刑酷法总有一天会用到自己和族人身上。

太史公对法家向来没有好感，他认为吴起"以刻暴少恩亡其躯"，对商鞅之死，他评价说："商君，其天资刻薄人也……余尝读商君开塞耕战书，与其人行事相类。卒受恶名于秦，有以也夫！"在司马迁看来，性格决定命运，商鞅天性中有刻薄的一面，无论是变法改律、推新政、施严刑，还是以诈术欺骗公子卬、赢得封地，都是他刻薄寡恩的具体表现，他受车裂而亡的结局也正是行刻薄之事的下场。

商鞅是吴起之后先秦时代又一位变法改革的殉道者，为中国古代法制发展史增添了沉重的一笔。然而商鞅变法历时二十年之久，他任法去私、重农重战、重刑轻赏、刑无等级的法律思想已深深扎根于三秦大地，他死后，秦国的法制建设并没有因为旧贵族的阻挠而停止，相反得到了进一步的发展、丰富与完善，使得"秦律"无论是系统性还是严密性，都是其他诸侯国的法律所无法比拟的。

本章小结

　　本章所涉及的六位变法革新的先驱人物——管仲、子产、孙武、李悝、吴起、商鞅，均是在列国争雄的历史背景之下应运而生的。"富国强兵"可以说是春秋战国时代的主旋律，围绕着这一旋律，改革家们修旧立新，谱写了一曲曲激越壮阔的变奏曲，制度、法令好似变奏曲中最强有力的音符。只有将社会生活、政治生活的方方面面全部纳入实际法治规范，按照法律规则监督、制裁官民，才能形成严格有效的官僚管理系统、整齐规范的社会秩序，也才能实现富国强兵的政治理想，在兼并征伐中占得先机。而在此过程中，法律、制度不断完善，逐步改变了过去儒家所提倡的以人情、伦理为主的统治方式。尽管变革的根本目的是为了强兵、争霸，尽管变革家们在许多地方体现出"刻薄寡恩""不近人情"之处，但他们的不少举措（如"尽地力"、"善平籴"、废除世卿世禄等）确实为利国利民之策，在完善政治、经济、军事等制度的同时，为中国法治社会的初步形成立下了不可磨灭之功。

三 修法改革（下）

范仲淹与『庆历新政』

范仲淹（989年—1052年）是中国古代传统的士大夫的典范。他的"先天下之忧而忧，后天下之乐而乐"是中国为官之道的最高境界，也是历代没有多少官吏做到的。范仲淹是苏州吴县（今江苏省苏州市吴中区）人，两岁丧父，随母亲改嫁到淄州长山（今山东省滨州市邹平县），随继父改姓朱。他九岁时知道了自己的身世，发愤自强，立志要恢复范姓。后来，他赴南京应天府（今河南省商丘市）书院读书，刻苦自励，有史书称他"冬月惫甚，以水沃面；食不给，至以糜粥继之，人不能堪，仲淹不苦也"。他在宋真宗大中祥符八年（1015年）考中进士，时年二十六岁，后为陕西西路安抚使。宋代有"握兵不能太久"的规矩，以防重蹈唐朝藩镇割据的覆辙，但是他却守边数年，防御西夏有功，被人称为"小范老子腹中自有数万甲兵"，后被宋仁宗任命为枢密院副使。幼年贫苦的经历，使他能够体察民情，屡次上书宋仁宗锐意改革弊政。庆历三年（1043年），被宋仁宗任命为参知政事（副宰相），负责谏院。那一年秋天他与杜衍、富弼、韩琦、欧阳修开始改革，这就是历史上知名的"庆历新政"。

光荣三次

我们都知道，范仲淹的谥号为"文正公"，"文正"二字是对他斐然的文采和正直的人格的最佳概括。身为朝廷命官，他总能心忧天下，慷慨直言，将个人的得失置之度外。

天圣七年（1029年）冬至，仁宗率领文武百官向太后祝寿，范仲淹上书反对："按照礼法，在内宫侍奉亲人长辈，当用家人之礼，而今陛下却携文武百官对太后面南朝拜，这不符合祖宗的礼制，也不能成为后世礼法。"事实上，宋仁宗少年即位，一直是太后垂帘听政，而当时的朝政仍然掌握在太后手中，仁宗率百官向太后朝寿实际上也是太后的旨意，范仲淹不仅质疑这一行为，而且还上疏请太后还政。当时的晏殊得知此事后，大惊失色，批评范仲淹鲁莽轻率，认为他的举动不仅会有碍于自己的仕途发展，还会牵连到举荐他的人。范仲淹不以为然地说："我是您举荐的，我常常担心自己不称职而使您这个举荐人蒙羞，绝对不会想到自己会因为忠直敢言而使您不满。我以为身为人臣当危言危行，但凡有益于朝廷社稷之事，必定秉公直言，即使有杀身之祸也在所不惜。"不出晏殊所料，范仲淹因此举得罪了太后，被贬为河州府通判。临行前，亲朋好友为他设宴饯行时称："此行极为光荣。"

明道二年（1033年），仁宗亲政，范仲淹被召回京师任右司谏，不到一年又因劝阻仁宗废郭太后而被贬睦州，亲朋好友再次为他饯行，称他："此行尤其光荣。"到了景祐三年（1036年），范仲淹绘制了一幅《百官图》，图上指明哪些官员是依据制度迁职，哪些官员是凭借与宰相的私交而受到提拔的，当朝宰相吕夷简知道后万分恼火，向仁宗揭范仲淹的短处，说他越职言事、离间君臣，范仲淹再次被贬，亲朋好友们又一次为他饯行时，说他"此行特别光荣"。范仲淹听罢大笑道："我前后已经光荣三次了。"

庆历新政

北宋自太祖赵匡胤始，为加强中央集权，分散文武官员权力，逐渐建成了一个庞大臃肿的官僚体系。久而久之，弊端丛生，到了仁宗一朝，"冗官、冗兵、冗费"问题极为严重。庆历三年（1043年），宋朝对西夏用兵，三战皆败，国家陷入重重危机。

此时范仲淹入仕已二十八载，历任地方和中央要职，在地方曾知睦州、苏州、饶州、润州、越州等地，而且在西北前线手握兵权抵御西夏已三年有余；在中央曾任右司谏、枢密院副使等职，对民政和军政都有了更加深入透彻的了解，积累了丰富的从政经验。这一年，范仲淹再次被调回中央，任参知政事，宋仁宗也意识到了社会现实的严峻、官僚政治的腐朽，九月，开天章阁，诏范仲淹等人条陈朝政变革构想，范仲淹由此作《答手诏条陈十事》，提出了十项改革主张：明黜陟、抑侥幸、精贡举、择官长、均公田、厚农桑、修武备、减徭役、覃恩信、重命令，以"敕"的方式颁行全国。这个改革方案涉及政治、经济、军事、教育、科举等各方面，主张澄清吏治、改革科举、整修武备、减免徭役、发展农业生产，以达到富国强兵的目的。

在官吏制度方面，范仲淹主张严明黜陟，北宋的职官制度有所谓的"磨勘之法"，照"磨勘法"的规定："知县两任，例升同判；同判两任，例升知州"，"今文资三年一迁，武职五年一迁，谓之磨勘。不限内外，不问劳逸，贤不肖并进"。这种制度，讲究论资排辈，致使官吏因循守旧、尸位素餐、碌碌无为，为打破这种"贤愚同等，清浊一致"的官僚制度，范仲淹提出："今后两地臣僚，有大功大善，则特加爵命；无大功大善，更不非时进秩。其理状寻常而出者，只守本官。""其庶僚中有高才异行，多所荐论，或异略嘉谋，为上信纳者，自有特恩改迁，非磨勘之可滞也。"对优秀官吏的提拔应当及时，不能局限于三年之期，对碌碌无为的官吏应当降级甚至淘汰："诸道知州、同判，耄者、懦者、贪者、虐者，轻而无法者，堕而无政者，皆可奏降，以激尸素。"改革还更定了"荫子法"，限制了恩荫。北宋自真宗以来，大臣可以推荐自己的子弟做官，现在规定必须参加考试才能做官，防止权贵子弟亲属垄断官位。改革还涉及科举制度，避免只重诗赋文采的弊端，选拔对国家有用的人才，规定考试除了经义以外，还有算术、医学、军事、法律等内容。

在经济上，新政主张减轻徭役、兴修水利、发展生产、增加财力改善民生；在军事上，改革兵制，招募民兵等。在法制上，针对以往颁布法令"烦而无信"的特点，范仲淹提出朝廷颁行法令必须事先详议，审定成熟后再颁行天下，一旦颁行，必须遵守，不得随意更改；另外，为避免阻隔皇恩现象的发生，朝廷向各路派遣使臣巡察，主管部门若有人拖延或违反赦文的施行，要依法处置。对待刑罚，范仲淹主张慎刑，反对严刑峻法，提出了"审刑名"的办案原则。所谓"审刑名"，就是强调在审理案件时要正确谨慎地运用法律，首先要做到"遍阅其实"，认真阅读卷宗查明案情；其次要做到认真研究法律，不能轻易地引用判例，比如，司法官员在审理"挪用公款"这类案件时，通常会草率地根据大理寺近来的判例，将"挪用公款"定性为"监主自盗"，事实上"挪用公款"与"监主自盗"不是同一等罪行，前者相较后者轻一些，而司法官员审理此类案件时，往往是轻罪重判，并没有做到以罪量刑。为了防止司法官吏抛开法律，乱"引谬例"，范仲淹提出的办法是，重新审查旧例，"削其谬误，可存留者，著为例册"。

这场轰轰烈烈的改革持续了一年又四个月，其间对廓清吏治、完善法治、促进经济起到了积极的影响。然而，因为触动了官僚集团中保守势力的利益，反对派刻意制造朋党的流言，伪造一封革新派的密信，信里说要废掉仁宗，致使仁宗对于改革失去信心，新政最终偃旗息鼓，范仲淹罢参知政事，出知邠州。

"一家哭何如一路哭"

范仲淹推行庆历新政过程中有一句话广为流传："一家哭何如一路哭。"据朱熹《五朝名臣言行录》第七卷记载：范仲淹为了整顿吏治，取诸路监司的名册来看，将那些不称职的官吏姓名一笔勾去。当时的枢密使富弼在他旁边，对他说："六丈则是一笔，焉知一家哭矣。"范仲淹回答说："一家哭何如一路哭耶？"六丈，是范仲淹的排行，是对他的尊称；路是宋代大行政区名，一路哭，就是一个地区人民受害。这句话的意思是："一家哭怎么比得上一路哭呢？"这句话后来成为罢免官吏的一句名言。例如《明史·河渠志》记载："救一路哭，不当复计一家哭。"可见这句话的影响。

从这句话中，我们还能看到范仲淹可贵的民本思想，而这一思想也成了他施政的基础。据史书记载，范仲淹在杭州知州任上遇到两浙路大饥荒，饿殍遍野，饥民流移满路。他并没有像往常那样发粟救济，而是基于民本思想，巧妙地实施了"荒政三策"。其一是利用饥岁工价至贱，大兴土木之役，解决了饥民流离失所之苦；二是利用吴人好佛事、喜竞渡（赛龙舟）的风俗，大力发展旅游业，促进餐饮、住宿等服务业的发展；三是增高谷价，引四方粮商大量进粮，结果杭州城粮食爆满，粮商只能降价，有效地解决了杭州城的粮食供应问题。从"荒政三策"中，我们可以看到范仲淹的另一面，他能发挥自己的政治智慧、经济眼光，泽被苍生，造福万民，而这一切都是建立在"心忧天下"的胸怀之上的。

"庆历新政"以"澄清吏治"为主要目的，虽在一定程度上"兴致太平"，巩固了家国天下，却很难突破其时代局限。然而范仲淹的"一家哭何如一路哭"所彰显的民本思想和"心忧天下"的儒家圣贤胸怀，不禁让我们思考改革的意义，但凡改革总会触动一些人的既得利益，难免会有人"哭"，但若因此不改革，只会加剧、扩大不公正，损害更多人的利益。范仲淹以"一家哭"换来一路百姓的不"哭"，为后世追求公平正义的改革提供了范本。"庆历新政"的夭折，使北宋错失了通过变革实现发展的良机，也使后世人唏嘘不已。南宋文学家吕中就这样说："使庆历之法尽行，则熙丰元祐之法不变；使仲淹之言得用，则安石之口可塞。今仲淹之志不尽行于庆历，安石之学乃尽用于熙丰。"（《宋大事记讲义》卷一）吕中的看法代表了南宋文人的普遍看法，后世的王安石变法为导致北宋覆亡的重要原因之一，而如果"庆历新政"得以实施，就不会有后来的"靖康之难"了。

王安石与『熙宁变法』

王安石（1021年—1086年），抚州临川（今江西省抚州市）人。他是北宋的政治家、思想家、文学家，也是中国法制史上举足轻重的人物。王安石二十岁时，以第四名的成绩进士及第，进入仕途后，历任地方长官，多年的地方官经历，使他对宋代的贫弱有切身的体会，他认为要改变现状，只有变法一条途径，他向宋仁宗上了一封"万言书"，要求"变风俗，立法度"，仁宗乃懦弱、优柔寡断之人，且已经历范仲淹"庆历新政"的失败，故而对王安石的"万言书"置之不理。治平四年（1067年），宋神宗即位，年轻的神宗对宋朝弱国的地位愤愤不平，一心想要做一番大事业，王安石改革的愿望与神宗的理想一拍即合，很快掀起了改革的浪潮，"熙宁变法"是宋代法制史上的一件大事。

三冗两积

宋代有所谓的"三冗"——冗官、冗兵、冗费，"两积"——积贫、积弱，在中国历史上非常有名。"冗官"是指官吏人数太多。太祖赵匡胤为巩固中央集权，分散大臣的事权，自朝廷到地方，设立了不少官职，相互监督，相互牵制；此外，宋代沿用隋唐科举制度，鼓励天下读书人埋头读书，我们可以看看宋初科举取士的情况：太宗在位二十一年，开科 8 次，取 1487 名进士；真宗在位二十五年，开科 12 次，取 1760 名进士。宋代疆域远不如唐代，取的进士数量却将近唐代的十倍，因此"冗官"在所难免。冗兵，是指兵的人数太多，太祖时禁军（中央直属之兵）加厢兵（诸州之兵）有 37 万人，太宗时增加到 70 万，到真宗时更是到了 100 万。官多、兵多，费用自然就多，"冗费"的现象自然而然地产生了，而老百姓身上的负担也就加重了。

而一个朝代承平日久，各种弊端就出来了，官吏越来越多，吏治愈加腐败，庞大的国家机器运转越来越不灵，国家财政连年赤字。偌大的一个帝国，在地处北方的辽国的对抗过程中总是处于下风，只能靠大量的钱财、物品换得暂时的和平。一波未平一波又起，一个辽国已经够宋室头疼了，西夏又随之崛起，宋朝在对抗异族侵略的问题上屡屡捉襟见肘。早在仁宗一朝，"积贫积弱"的社会现状已成了有识之士的热门话题，厉行改革成为社会共识。在王安石以前，范仲淹推行"庆历新政"，大刀阔斧地改革吏治，触动了朝中元老、权贵的利益，新政流产；王安石吸取了范仲淹的教训，他避开吏治这一敏感话题，主要从经济着手，进行改革，力图改善宋朝"三冗两积"的问题。

拗相公变法

同任何一个读儒家书出来的人一样，王安石从年轻时就有安邦治国的雄心，初践帝祚的宋神宗为王安石搭建了宽阔的舞台。熙宁元年（1068 年），宋神宗问王安石："当今治国之道，当以何为先？"王安石答："以择术为始。"宋神宗又问王安石:"不知卿所施设,以何为先?"王安石答:"变风俗,立法度,方今所急也。"熙宁二年,王安石出任参知政事(副相),随即创设制置三司条例司,作为新政的立法机构,开始以经济改革为重点的变法改革,陆续推出了涉及经济改革的多条法令,如青苗法、免役法、保甲法、农田水利法、均输法、市易法、保马法、方田均税法等。

其中最有名的、涉及面最广的莫过于"青苗法""免役法"与"保甲法"。"青苗法",是政府向民间放贷的法令,每年的夏、秋两季,向百姓贷出耕种的成本——"青苗钱"作为"耕敛补助";"免役法",指应充差役的平民向政府交纳"免役钱",由政府雇人充役;"保甲法",指建立有序的基层防御组织,有点像现代的民兵制度,以这些基层组织为单位,组织保丁值勤巡警,五百户置都保正,五十户置大保长,十户置保长,称为"上番",全国实行;每年冬天十月至次年正月,保丁集中训习武艺,称"教阅",北方实行;保甲法目的是借民间的力量维持治安,并且希望"教阅"能使农夫成为精兵,省下养兵的巨额费用。

这些法令均致力于为政府"理财"的同时给百姓提供便利,然而理想是美好的,现实却往往是"骨感"的。比如:青苗法宣称要"抑民豪夺",实际上,民间的"豪夺"是否得以平息,尚未可知,地方官府却借机"豪夺",青苗法初定"出息二分"即半年之息20%,实际执行时往往高于这个数字,青苗法规定"不得抑配",以自愿为主,执行时,地方官员为完成指标却不得不采取"抑配"的方式强制借贷纳息,"青苗钱"迅速转变为另一种赋税形式,使得广大农民苦不堪言,不少农民因为还不出利息而破产。再如,免役法全面推行之后,征取役钱的对象,由上三等户扩充到全民,又一次演变成为"别一赋税"。而保甲法的推行使得整个北方扰攘不安,发生了多起保丁变乱事件。"上番"和"教阅"并未加强地方武装,为对付北方辽、西夏增加砝码,倒是给地方的不安定分子提供了作乱便利。

由于新法存在种种问题，朝廷上以司马光为代表的保守派对王安石变法的反对声音日渐强烈。司马光给王安石写了三封长信，列举实施新法"侵官""生事""征利""拒谏""致怨"等弊端，要求王安石废弃新法、恢复旧制；范纯仁上书神宗，公开指责安石"掊克财利"，"舍尧舜知人安民之道"；御史中丞吕诲上书弹劾王安石巧诈，说他"置诸宰辅，天下必受其祸"。神宗虽想要变法图强，但是看到反对新法的人如此之多，未免心中动摇。

面对一浪高过一浪的质疑声，王安石提出了名垂千古的"三不足"改革宣言："天变不足畏，祖宗不足法，人言不足恤"，此等言论在当时多数传统士大夫看来颇有惊世骇俗之意。而这一改革宣言颇符合王安石的脾性，其实，王安石在变法前与司马光、欧阳修、文彦博等名士意气相投、过从甚密，众人皆欣赏他的才干，然而神宗一朝，这些人都成了他的政敌，原因很简单，当他走上权力的巅峰，毫不采纳持异见者的建议，"自信所见，执意不回"，他的犟脾气和执意不回的作风使他得到了"拗相公"的雅号。他与反对派的冲突仅在政见，无关乎个人恩怨，后来他下台后，皇帝曾问司马光怎么看王安石这个人，司马光说："现在王安石失势了，大家都争先恐后地诋毁他，其实王安石变法本意是为国，只是他不晓事，不通情理，过于执拗。"

王安石的"熙宁变法"从总体上说是失败的，其新政失败的原因有很多，比如，改革故意绕开北宋最大的问题——"吏治"，而财政赤字的根本原因在于"官僚体系"的臃肿与低效，故未能对症下药；还有其经济政策本身的漏洞使得法令的实施与预想背道而驰；还有王安石虽然是正直的君子，但他推行新政所用之人，如章惇、吕惠卿、李定，皆为曲意迎合、口蜜腹剑、贪得无厌之人，他们阳奉阴违，以权谋私，遂使新法变质；还有王安石性刚、执拗，过于刚愎自用，故而其法令的推行也呈现出急进偏激、不合时宜的特点，凡此种种，"熙宁变法"的失败在所难免。

改革科举

王安石的变法，除经济之外，最有影响的是科举改革，此项改革实际上涉及官制改革。选拔官吏是进行变法图强的关键，也是推行法制建设的必要条件，而科举是选拔官吏的必然途径。宋代科考基本沿袭唐代，主要考诗赋、帖经、墨义等，在王安石看来，科举考出来的大多数是一些学究。在熙宁四年（1071年），王安石提出专考"五经"、《论语》、《孟子》，以及论、时务策，要"变学究为秀才"，以求录取有用之人。在制科方面，废除明经等诸科，代之以明法科，专考律令、《刑统》大义以及判案。熙宁六年（1073年）三月，首次按新规定考试时，报考明法科的人并不多。为了改变士大夫多不习法律的状况，又规定除进士考试前三名外，都要加试法律。第二年三月，更是规定了自第一名以下都要加试明法科考试的内容，通过以后才能做官。同时，还在国子监设立律学。王安石的这些改革措施对宋代乃至中国古代的法制建设是有重要意义的。南宋著名思想家陈亮对中国古代的法律史曾作了如下判断："汉，任人者也；唐，人法并行者也；本朝，任法者也。"勾勒出由汉代的人治，经唐代的人治与法治兼行，到宋代进入法治时期。而对于宋的法治，陈亮更具体地指出："神宗皇帝思立法度以幸天下。"

此外，针对当时举子谈经者人人言殊，无以"一道德"的现状，王安石和其子王雱以及吕惠卿倾数年之力组织编写《三经新义》（包括《周官新义》《毛诗义》《尚书义》），为科举考试提供"经旨"，有点像今天的"考试大纲"，于熙宁八年正式颁行，凡是参加科举考试的士人必须认真研读《三经新义》，尽管后来王安石遭罢相，新法被废，但是这丝毫不影响它在科举考试中的地位，哲宗绍圣年间、徽宗崇宁年间，《三经新义》几乎成为科举考试的标准。司马光对王安石编撰的《三经新义》评价说："介甫经义，不乏灼见，但企图令天下士子奉为惟一解释，欲尽变历代先贤之说，何其狂妄。"

自北宋以来，对王安石变法的评价可谓毁誉参半，明代杨慎称其为"古今第一小人"，指控其"变法葬送了奄奄一息的北宋王朝"。李贽评价其新政"欲益反损，欲强反弱，使神宗大有为之志，反成纷更不振之弊"。梁启超是少数为王安石辩护的学者，把他比作中国的克伦威尔，说他"以不世出之杰，而蒙天下之垢"，称其青苗法和市易法实为近代文明国家的银行雏形。然而，无论王安石变法的功过是非如何，在推行法治上，他确实是一个伟大的人物。南宋中叶，著名藏书家晁公武说："皇朝王安石执政以后，士大夫颇垂意律令。"中国封建社会由人治走向法治的道路上，王安石可以说是重要的引路人。而他"三不变"的政治宣言体现了其锐意改革的勇气，也成为后世改革家的座右铭。

张居正与『万历新政』

张居正（1525年—1582年），湖北江陵人。他是明朝著名的宰辅，幼时在乡里即以神童著称，十三岁时有一首《题竹》言志："绿遍潇湘外，疏林玉露寒。凤毛丛劲节，直上尽头竿。"十六岁中举，二十二岁中进士。早在嘉靖皇帝时，他就上过《论时政疏》，直截了当地指出当时政治存在的五种弊端：一曰"宗室骄恣"；二曰"庶官瘝旷"；三曰"吏治因循"；四曰"边备未修"；五曰"财用大匮"。但是因为皇帝昏庸，严嵩当道，自然没有结果。他任神宗朝首辅以后，吏治上，向官僚玩忽职守之风开刀；军事上，起用戚继光、李成梁，加强边备；经济上，推行"一条鞭法"，主张赋役合并。他组织变法近十载，为腐朽衰败的明王朝注入了新鲜的血液。

以法绳天下

嘉靖皇帝享国四十五载，使明朝陷入严重的危机，皇亲国戚骄奢淫逸，官吏腐败，国家衰弱，财政困难。明神宗（亦称万历皇帝）即位时，年仅十岁，张居正承担起教育小皇帝的任务，将横行霸道的首辅高拱除去，登上内阁首辅之位，逐步掌握大权，从万历初年便开始了一系列的改革。

严明法纪是实施新政的前提。在改革之前，张居正首先致力于整顿纪纲，强调以法统治天下，《明史·张居正列传》称他"平生以法绳天下"。张居正认为法制有其自身的稳定性和变动性，"法不可以轻变也，亦不可以苟因也。若苟因，则承弊袭舛，有颓靡不振之虞；若轻变，则厌故喜新，有更张无序之患"。应当指出的是法制的变与不变，并不是取决于法制本身，而是取决于时事、民生，他说："法制无常，近民为要。古今异势，便俗为宜。……法无古今，惟其时之所宜与民之所安耳。"他认为：明太祖朱元璋建立的法制是上古三代以来最好的法制，"然今甫二百余年耳，科条虽具，而美意渐荒，申令难勤，而实效罔获"，也就是说，明太祖创设的法制，距今不到二百年，已收不到原有的功效了，何以如此？是不是因为法律本身的问题？在张居正看来，真正的问题出在实施法律的人身上，既然太祖之法没有问题，那就不需要做过多的变革，而是致力于把固有的法制切实地贯彻下去，切实地遵行法制要比轻率地变革法制更加重要。他将法令不行的现象与流水不畅作了类比，称之为"法壅"，"下流壅则上溢，上源窒则下枯。决其壅，疏其窒，而法行矣。"只要改变"法壅"的现状，"法行如流"，就会达到"事功辐辏"之效了。那么如何改变"法壅"，疏通法律之流呢？

张居正以为，今之为"法壅"者，其病有四：其一，官僚懈怠的积习，以清静无为为借口，无所事事，不思进取；其二，"纪纲不振"，臣权凌驾于君权，"下挟其众而威乎上"；其三，"议论"者众多，"一事未建，而议者盈厅；一利未兴，而议者踵至"，妄发议论，不干实事，使得欲有作为者，行事常常受到掣肘；其四，名实不符，对于官员没有合适的评价机制，常常论资排辈，有功得不到奖赏，有过得不到惩罚。

基于这四种病症，张居正提出"尊主权，课吏职，信赏罚，一号令"的药方。"尊主权"主要是针对"纪纲不振"，"课吏职""信赏罚"主要是针对"官僚积习""名实不符"，"一号令"主要是针对"议论者众"。不过，这四种举措实际上是一个整体，它们之间互相交叉，并无绝对界限，而最根本的是要"尊主权"，事实上，所谓的"主权"，就是法家所说的"势"，而要"尊主权"就要利用好法律这一工具来"以法绳天下"。

整顿吏治

"明法纪，尊主权"之后，张居正开始着手整顿吏治，因为推行政策，实现中兴，可以依靠的就是得力的文武百官。作为一个务实的政治家，张居正最重视的就是"核名实"。他起草了《请稽查章奏随事考成以修实政疏》，认为治国过程中最难的不是立法，而是言必有效，有法必行，立法与执法、颁政与施政必须名实相符，而当时明朝官吏自上而下，尸位素餐，因循敷衍，效率极为低下，因此他在疏中提出了著名的"考成法"。

"考成法"着重解决言必有效、有法必行的施政效率问题。在体制上，原来是由皇帝直接统御六部，并且通过与六部相应的六科来监督六部。按新的考成法：以六部督辖地方官，再以六科监督六部，再由内阁稽查六科；这样就扩大了内阁作为中枢机构的权限。他规定，各衙门立"文簿"三份，用以记载每一项具体政务的内容以及完成期限，一本留在本部院作为底册，一本送到六科给事中以备注销，一本送内阁以备查考。各项公务依据其轻重缓急定有期限，办完一件公事，即刻注销，月底予以总清查。各级官吏接受层层考核，月有小考，年有大考，办事效率低下者将受到处罚，这就是所谓的"课吏职""信赏罚"。针对各级政府中官吏有令不行、相互推诿、因循疲沓的恶习，新的"考成法"起了很好的作用，官员们对于中央发布的政令，再也不敢敷衍塞责了，官府的办事效率得到了很大的提升。而针对各级官员"毁誉失实""名与实爽"的问题，张居正提出"综核名实"的考核原则，精简机构、裁汰冗员，主张"用人唯才"，从底层官吏中提拔有才能的人，不论资历，量才录用，加大赏罚力度。

"考成法"的推行，使张居正在没有劳师动众的情况下，改善了明朝腐朽且效率低下的官僚作风，一定程度上解决了嘉靖以来的冗官、冗员问题，为他进一步推行改革奠定了良好的基础。

一条鞭法

张居正改革的重点是经济推行"一条鞭法"。那时农业税叫"田赋"或"钱粮"，是国家财政收入的基本来源。此外，老百姓还要负担无偿的劳役，如派充衙门的门丁、库丁、禁卒、厨役、衙役等，叫"力差"；为供应宫内和官府用物而摊派的银钱，叫"银差"。嘉靖以来，豪强权势之家兼并农民土地，逃避或拖欠赋税，隐瞒所报土地，少纳钱粮，还隐庇一些投靠他们的农户不向政府纳税赋。这样就减少了朝廷的收入，造成"公家日贫""私家日富"，赋役不均、偏累小民的局面。当时一些正直的官员试行改革，例如海瑞就曾强迫一批豪强退田，结果遭到激烈反对，而海瑞被罢官。另外一些官员于嘉靖和隆庆年间，在浙江、江西、福建等地试行"一条鞭法"。"按照这一制度，所有徭役征发、附加费以及五花八门的征用都合并成单一的银两缴款额。原来形容这一制度的用语'一条边'和'一条鞭'同音，因此这一制度被纳税者叫作一条鞭法。"（《剑桥中国明代史》）这个法的关键是：把力差和银差统一为征银，与田赋一起征收，通过简化手续，允许被征调的差役出钱雇人代役，如此以减少胥吏从中舞弊的机会。

这个方法比起激烈的强迫退田要缓和得多，容易被人接受，有助于适当地均平赋役，试行一段时间以后，万历四年（1576年），张居正就在湖、广等省推广。万历五年，张居正下令重新丈量全国土地，清查漏税的田产，责成官吏追缴欠税。旧时为征派赋税徭役和保护土地所有权，朝廷编制一种土地登记簿册，因其状似鱼鳞，称为"鱼鳞图册"。明代洪武年间清丈全国土地就曾经绘过，万历九年，张居正重新绘制鱼鳞图册，但是到他死也没有完成任务。推行清丈和一条鞭法的好处，一是增加政府财政收入，二是扩大了货币流通的范围，削弱了人身依附关系，使商贩和工匠获得人身自由。

与中国历史上的其他新政一样，凡是改革总会触及一些官僚集团的利益，张居正的种种改革，在他病逝以后，被全部推翻。所谓"人亡政息"乃是中国专制时代的特色。而且推翻新政的正是原来支持他的明神宗。欲加之罪何患无辞，借口就是所谓"夺情事件"。按惯例，官吏在任时，父母去世，要离职守丧三年，皇帝可以命令官吏留下来继续做官。万历五年时，张居正父亲去世时，他未离职。有的官吏攻击他"不孝"，这不过是政敌的借口而已。当然，张居正自己也因利于职权做了某些不合法的事，但大部分指控是在他执政时受过害的，以及那些在新政革除后急于和他划清界限的朝臣们提出的。结果是，明神宗给张居正加上"罔上负恩，谋国不忠"的罪名，还下令抄了张居正的家，其子弟全被发配到"烟瘴之地"，家人被迫害致死的有十几个人，从此明朝再也没有出现过像张居正这样有才干的人。张居正的遭遇再次证明，没有制度保障的所谓"法"是靠不住的。在皇权至上的封建时期，永远不可能有真正的法治。

清末有识之士的变法维新

鸦片战争前夕，清王朝已走上了衰颓之路，政治腐败黑暗，人民流离失所。1840 年，鸦片战争爆发，随后西方列强侵入，太平天国起义，清朝政权岌岌可危。为了挽救风雨飘摇中的大清帝国，化解这场史无前例的民族危机，有识之士们纷纷提出变革的主张，中国社会面临着"三千年未有之大变局"，与之相应，中国传统的政治制度、法律制度、法律思想也产生了激变。

呼吁变法

早在鸦片战争前夕，就有不少士人对中国传统制度提出质疑和批判，到了第二次鸦片战争以后，这种质疑和批判愈加强烈，逐渐形成一种不可遏制的思潮。

其中很有代表性的人物是龚自珍，他认为，清朝"六十载太平之盛，人心惯于泰侈，风俗习于游荡"，已进入"衰世"，主要原因有三：其一，官僚制度，君主专权过甚，律令繁杂，使官员们瞻前顾后，明哲保身，无所作为；其二，刑狱黑暗，各级官吏断案主观，同一案情，判决往往大相径庭，且权力干涉司法的现象普遍，律法制度形同虚设；其三，人才匮乏，统治者在文化思想上实行高压统治，致使士人不问时事，埋头故纸堆，严重扼杀人才的想象力、创造力，造成了万马齐喑的局面，凡此种种"衰世之相"，"更法"乃大势所趋，历史必然。

此后，思想家魏源进一步提出了"变法"思想。首先，他反对泥"古"而不知随势变"法"的做法，主张"因势变法"，他认为三代以来的法律是随势而变的，而且一代比一代进步。比如，汉文帝废除肉刑，使夏商周三代残酷的法律趋于宽仁；再如，后世的"贡举"制度也改变了官职由"贵族世袭"的不公正的做法，总之，法律是因势而变，不断进化的。其次，他认为法律是治国之本，"境无废令，则国柄强"，然而，法律本身不能起决定作用，执法人是决定能否做到"境无废令"的关键因素，"不难于立法，而难得行法之人"，所以，魏源的变法主张，重点不在变革法律，而在变革行法之人及其相关的制度。

师夷长技

洋人的坚船利炮使中国人意识到变法革新的必要性，与此前的变法改革不同，此次革新的依据并非中国传统的"法先王""法后王"，而是效法西方，"师夷长技以制夷"，这是魏源在编写其历史、地理著作《海国图志》时提出的，就是学习洋人的长处来抵制洋人。

首先，要"师"的就是洋人的科技。长期以来，清廷中的顽固派把西方的科技看作"奇技淫巧"，不屑一顾，然而，清朝大军在面对西洋利炮时不堪一击，这使统治集团痛定思痛，他们终于低下了高傲的头颅，开始主张学习西方先进的科学技术，以改进中国的国防设施、武器装备，发展民族军事工业，这在历史上被称为"洋务运动"。

其次，洋人的入侵，不仅带来了先进科技，也带来了先进的制度，给了中国知识分子很大的触动。他们开始关注西方的政治制度，为大清的制度变革探索途径。魏源在《海国图志》中用了很大篇幅介绍"墨利加非洲"（美国）的联邦共和制。思想家徐继畬在任福建布政使期间，编著《瀛环志略》一书，重点介绍了英法以及美国的政治体制，对英国的"议会"制度、美国的"总统制"、选举制度作了详细的介绍。另有不少仁人志士提出了效仿西方政治、法律制度的主张。报业人王韬提出"振兴中华，变法自强"的口号，认为变法的核心在于改革科考制度、军事制度、教育制度和法律制度。轮船招商局总办郑观应力主效仿西方建立"议院"制度来"达民情"，以打通君民关系。维新思想家陈虬则提出仿照西方建立律师制度，中国古代禁止替人"诉讼"，那些为罪犯咨询、辩护的"讼师"，代人出庭的"讼棍"都是非法的，而陈虬认为律师与讼师不同，是经挑选的绅士，加以培训，通过专门的律师考试，获取律师资格，有律师参与案件，不仅可以有效地杜绝民间唆讼、缠讼的现象，还可以对法官的判决起到监督作用。

阅读洋人科技、制度的相关典籍是"师夷长技"的必要条件，以严复为代表的一批思想家，开始翻译西方政治学、法学名著，他们先后翻译了亚当·斯密的《原富》（《国富论》）、斯宾塞的《群学肄言》（《社会学研究》）、孟德斯鸠的《法意》（《论法的精神》）等书，并且成立翻译书院，翻译各国律例、商律、民主与君主经国之法（宪法），政府也设立了翻译书院，专门翻译、介绍西方各国的政治制度、法律制度及相关思想，为变法维新提供理论支撑。

戊戌变法

1895 年，中日甲午战争爆发，清军惨败，北洋水师全军覆没，中日签订《马关条约》，中国割地赔款，丧权辱国，轰轰烈烈的洋务运动宣告失败。在这样的背景下，开始出现从更基本的政治体制层面进行改革的声音，在变法维新的队伍中最大力倡导的是康有为和梁启超。康有为认为，"四夷交侵，覆亡无日，非维新变旧，不能自强。"梁启超认为中国的政治、大清的政权已经到了悬崖的边缘，法之当变，为天下公理，基于中国的社会现状，已经到了"非变法万无可以图存之理"。

在《马关条约》签订之际，康有为、梁启超与一千三百多名各省举人联名上书光绪皇帝，提出"拒和、迁都、变法"的主张，这就是历史上有名的"公车上书"。（从汉代开始，举孝廉乘公家马车赴京接受考核，此后进京参加会试的举人乘坐公家马车成为惯例，因此举人俗称为公车。）尽管"公车上书"在当时并没有收到直接的成效，但形成了国民问政的风气，也得到了帝师翁同龢和湖广总督张之洞等高级官员的支持，康有为、梁启超等人就此进入了光绪皇帝的视线，后来康有为找到适当的机会呈上他的著作《日本变政考》《俄彼得变政记》等有关各国改革的书籍，为皇帝提供改革成功的先例，逐步坚定皇帝变法改制的决心。

光绪二十四年（1898 年）是农历的戊戌年，6 月 11 日，在光绪皇帝的授意下，清政府颁布《明定国是诏》，表明变革的态度，百日维新由此开始。据载，在维新开始后第六日，光绪召见康有为，康有为在殿前等候时，碰到直隶总督荣禄，荣禄颇不以为然地问他："以子之大才，亦将有补救时局之术否？"康有为正色答道："非变法不能救中国也。"荣禄又问："固知法当变也，但一二百年之成法，一旦能遽变乎？"康有为针锋相对地说："杀几个一品大员，法即变矣！"这次对话是当时改革派与保守派代表间的正面交锋。尔后，康有为在觐见光绪帝时，抓住机会，力陈变革之必要，建议广招小臣，破格擢用，收拾人心。

康有为、梁启超等人的思想主张何以打动光绪帝？其中很重要的一点是，他们的维新思想是托古改制，是循序渐进的。康有为撰写了《孔子改制考》，从中国传统制度的变革入手谈改制，他还在《大同书》中指出：公羊三世——据乱世、升平世、太平世是人类社会进化的三个阶段，与这三世相应的政治制度应当是"专制""立宪""共和"，其中"太平世"这是先贤论说的"大同社会"，是人类历史上至善至美的社会类型，也是社会变革的终极理想。然而，改革应当循序而行，不能躐等而施，而当务之急，是从"君主专制"转型到"君主立宪"政体。首先，设议院，开国会，"上广皇上之圣聪"，"下合天下之心志"；其次，定宪法，作为施政的根本依据；再者，行三权分立，"立法""司法""行政"各司其职，互相制约。梁启超则特别推崇孟德斯鸠的"政体论"，主张"兴民权"，效仿英国建立君主立宪政体，由"一君为政"进化为"以民为政"，在"兴民权"的基础上，还主张"启民智"，变革教育制度，废八股，开学校，改变人才录用制度。相较共和制，君主立宪制的改革更为缓和，且有英国、日本等国的成功案例作为范本，因而更符合统治者改革的心理预期。

在康有为、梁启超等维新派主将的建议下，光绪下令：改革科举制度，废除八股，改试策论；设立京师大学堂、改各省书院为学校；允许庶民百姓上书言事；裁撤詹事府、通政司、各省总督等中央、地方的机构与人员……

光绪皇帝在实施改革的过程中起用了大批维新派人员，撼动了朝廷重臣的既有权力。更重要的是，新政力图将朝政大权从慈禧太后手中剥离，彻底转移到光绪皇帝手中，这使慈禧太后大为震怒，她将光绪皇帝囚禁在中南海的瀛台，下令罢撤新政，逮捕新政人士，康有为连夜离京，梁启超逃入日本使馆，其他数十人被捕，其中"戊戌六君子"——谭嗣同、杨锐、林旭、刘光第、杨深秀、康广仁六人被处以极刑，所有新政，除京师大学堂外，一律都被废止，戊戌新政仅维持了一百零三天，就以这样一种惨烈血腥的方式草草收场。

新政修律

　　光绪二十六年（1900年），义和团运动爆发，慈禧太后妄图利用义和团中的暴民来驱逐洋人。由于清廷在义和团问题上的处理不当，七月，八国联军攻入北京，整个北京城被洗劫一空，尸横遍野，慈禧太后带着光绪帝仓皇出逃，史称"庚子西狩"。1902年，帝、后回到北京，即与八国签订了《辛丑条约》，巨额赔款，丧权辱国使"变法"再一次被提上议程，两江总督刘坤一、湖广总督张之洞接连上书提议"变法"，在重重压力之下，慈禧太后正式下诏宣布对《大清律例》作大规模修订，制定与之相关的"矿律""路律""商律"，使得中国法律能与国际接轨，令沈家本、伍廷芳负责修律工作，当时伍廷芳正出使美国，因此修律的任务主要落在了沈家本身上。

　　沈家本（1840年—1913年），出身律学世家，其父曾在刑部任职十二年，沈家本走上仕途后，在刑部任职长达三十年，其间，他仔细研究刑部掌故，考证中国律法制度的源流，同时还精研欧美、日本法律，以"知律"而闻名，著名法学家杨鸿烈在《中国法律发达史》一书中称其为"了解中国法系且明白欧美、日本法律的一个近代大法家"。沈家本受命修律时已年逾花甲，任刑部侍郎，负责定案，丰富的司法工作经验，以及对法律的深入研究，为他的修律工作打下了坚实的基础，而其修律的方针即"汇通中外"："折衷各国大同之良规，兼采近世最新之学说，而仍不戾乎我国历世相沿之礼教民情。"在尊重中国礼法、国情的前提下，借鉴欧美、日本的现代法律制度，在这一思想的指导下，沈家本对《大清律例》提出了修改意见：删除与官制不符的总目，逐条删并例文，使之与律文相应；废除重刑、酷刑，以适应世界各国的轻刑趋势；法律面前人人平等，取消刑有等级的陈规；取消"援引定罪"的判案方式，采取欧美"罪刑法定"的方式，刑循"正条"；将原本自《隋律》开始实行的笞、杖、徒、流、死五刑，更定为死刑、徒刑、拘留、罚金四种。在修律过程中，沈家本积极引进资本主义国家的法律，主持编译了法、俄、德、意、美、日等国的法典、法学著作三十余种；还兴办法律学堂，1906年成立"京师法律学堂"，为国家司法部门输送专门的人才。

然而，沈家本的修律工作并非一帆风顺，在过程中面临重重阻力。其中有一方是张之洞为首的"礼教派"，他们认为，以沈家本为代表的"法理派"在修律过程中过分强调西方法律制度，其修订的律例整体上过于以"个人为本位"，强调"人权"，在刑事、民事诉讼方面，更是有悖于中国传统的伦理道德，比如新律启男女平等之风，就是坏夫妇之伦、尊卑之序。在"礼教派"的强大压力之下，沈家本不得已作了妥协，将草案中涉及人伦纲纪的条款都予以加重一等的处罚。而后《修正刑律草案》完成，交由宪政编查馆考核，当时张之洞已去世，以劳乃宣为代表的"礼教派"103名议员投了反对票，使得"礼法之争"进入高潮，最后以"法理派"的妥协和退让而告终，《大清新刑律》不断添加有关伦理纲常的条款，被改得面目全非，而沈家本被冠以"礼教罪人"之名，在弹劾之下，辞去了修法大臣的职务。尽管如此，沈家本的修律在很大程度上推动中国法律走上了现代化之路。

晚清时局动荡，民生凋敝，变法维新是势在必行。而对于独揽大权的慈禧太后来说，变法是一件她并不理解却不得不参与的事情，对她而言，变革的形式、细节都不重要，只要保证自己的大权不旁落，其他具体的事宜交与谋臣们商议即可，而这些谋臣作为统治集团内部的利益既得者，在意的不是维新取得的成就，而是自身利益的扩大，真正能提出改革设想、绘制改革蓝图的是那些汇通中外的思想家，如魏源、梁启超、康有为，真正能践行改革的是那些默默无闻的技术性官吏，然而，他们手中没有实权，因此，变法维新最终只能是美好的愿景。而"戊戌变法"的失败使大清帝国失去了改制自强的最佳时机，等待它的将是一场更为激烈的革命，伴随着革命的浪潮，大清帝国走向覆灭，成为历史。

本章小结

　　本章所论的几位修法改革家多少带有理想主义精神，他们面对衰颓的国运，力图革除弊政，挽狂澜于既倒，扶大厦之将倾。而在各项弊政之中，尤为突出的是政治制度与经济制度（政治制度决定国家机器的运转方式，经济制度则直接关乎民生。）。然而，想要廓清这两项弊政谈何容易！范仲淹推行新政，整顿吏治，最后无疾而终；张居正革故鼎新，澄清吏治，最终人亡政息；康有为、梁启超等力图革除中国几千年的封建制度，建立宪政，以惨烈的方式收场……几千年来，中国的封建制度形成了一个极为精密庞大、错综复杂的官僚系统，但凡政治制度改革必然会打破官僚系统既有的生态平衡，牵动当权者的利益，因而，历史上每一次政治革新无论多么波澜壮阔，最后，难免被旧官僚势力"反噬"。"经济制度"的变革同样困难重重，经济改革要想顺利推行需要丰厚的土壤，比如国情、民情是否具备条件，官僚制度是否合理，王安石先进的经济理念，最终还是敌不过低下的行政效率，最终败在了一干以权谋私的官吏手中。再精良的经济制度说到底还是要以健康的政治环境、社会生态为依托，因此这一场场轰轰烈烈的革新注定以悲情的方式落幕。但无论结果如何，改革家们所提出的思想主张，他们执意不回的变革精神，留给今人无限的启示。

四 恤刑慎杀（上）

周公『敬天保民』的法律思想

宽简之法的思想源头可以追溯至西周时期的周公。周公，姓姬，名旦，他是周文王之子，周武王之弟，因采邑在周（今陕西岐山），史称周公。我们都知道"周公辅成王"的故事，周武王英年早逝，成王登基时年纪尚幼，因此作为摄政王的周公一度是周的实际掌权者，他尽心辅佐天子稳固基业，更可贵的是他不迷恋权柄，待成王成年后，便还政于天子，成就了一段千古美谈。周公已作为一个文化符号为今人所知，然而他不仅是一位贤能的政治家，而且是中国历史上第一个提出较为系统的法律学说的思想家，其法律思想的核心是"明德慎罚"。

以德配天

周公法律思想的起点与夏、商两代以来的"天命"思想息息相关，"天命"观可以说是上古时期法律观念的基石。刚走出茹毛饮血的蒙昧时期的上古先民，他们思维所遵循的"因果律"与现代人截然不同。在现代人看来，日月星辰、寒暑交替自有其运行的规律，而在上古先民的意识里，无论是自然现象还是人为事件，都是上天的安排，于是自然而然地出现"率民以事神"的社会风气，对神祇的信仰以及与之相关的祭祀、卜筮活动，占据着他们生活的重要位置。上古三代尤其是夏、商两代占卜之风盛行，大到军国大事，比如战争的胜负、城邑的兴建，小到日常生活，下雨打雷、定罪量刑，都要占卜一番，几乎到了无事不卜、无日不卜的境地，而他们祭祀、问卜的神灵主要是祖先神，凌驾于祖先神之上的"神灵"便是"天神"，夏人称之为"天"，商人称之为"帝"，周人复古又称之为"天"，这"天""帝"在他们看来便是统治人间的至高无上的神祇。

《尚书·金縢》记载了这样一个故事：在周灭商后的第二年，周武王生了重病，姜太公、召公建议卜问吉凶，而周公认为，这不足以感动先祖，于是周公筑起祭坛，搭起祭台，向北而立，放置玉璧，手持玉圭，向太王、王季、文王祝祷说："先王们，你们的长孙姬发，遭遇凶险的疾病，假若你们三位先王有助祭'天帝'的职责，就用我姬旦代替姬发的身体吧！我柔顺巧能，多才多艺，能奉事鬼神。姬发在天帝那里接受重任，取得了四方，能够在人间安定后世子孙、黎民百姓的生活。你们若允许我的请求，我就拿着璧和圭归向你们，等待你们的命令；你们若不允许我，我就收藏璧和圭，不敢再请了。"于是卜问三龟，都重复出现吉兆，周公说："根据兆形，天子将转危为安。我再次向三位先王祷告，只图国运昌盛，绵延万世，现在我所期待的，是先王能够俯念我的诚心。"仪式完毕，周公将册书存于"金縢之匮"中，次日，周武王的病就好了。

上面这个故事彰显出周人对祖先神的信仰，以及对"上天"的敬畏，因为"天叙有典""天秩有礼""天命有德""天讨有罪"（《尚书·皋陶谟》），上天安排了人世间的伦理道德、典章制度，也掌握着"生杀兴亡"的大权，是为"天命不可违"，而君主——国家的最高统治者即为"天命"

在人间的代言人，早期的君主都以"天命"作为自己权力的合法来源，宣称自己受到上天的委任来施行统治，故而君主自称"天子"，而当天子本身违反天命，便会出现新的统治者取而代之。夏启伐有虞氏时称"今予惟恭行天之罚"（《尚书·甘誓》），武王伐纣时，作《太誓》称："今殷王纣乃用其妇人之言，自绝于天，毁坏其三正……故今予发维共行天罚。"（《史记·周本纪》）天子受命于天，惩恶抑罪，行使律法刑罚，便是"行天罚"，也就是替天行道，这里面蕴含着浓重的"天命天罚"的逻辑。

而"天命天罚"的思想在周代得到了很大的补充，如果说商人心中的天神有较强的人格化特征，既能降福于民，也会降祸于民，有点像古希腊神话中的众神，那么周人观念中"天神"已不再是那种意旨无法捉摸、喜怒无常的神灵，具备很强的道德伦理色彩，"皇天无亲，惟德是辅"（《尚书·蔡仲之命》），此种"以德配天"的思想是周公思想体系、施政纲领的基本前提，也是周公法律思想的基础，当"天命"带有极强的道德使命，也就意味着君权的行使当符合道德准则，自此，伦理思想便逐步渗入神权思想，中国传统神权、君权思想中浓重的伦理色彩与之密不可分。

明德慎罚

"以德配天"思想落实到法律体系上便是"明德慎罚"，周公在《尚书·康诰》中说："惟乃丕显考文王，克明德慎罚，不敢侮鳏寡，庸庸，祇祇，威威，显民。"意思是：我伟大显赫的先考文王，能够崇尚德政、慎用刑罚，不侮辱孤老寡母，用可用之人，敬可敬之人，刑当刑之人，将平易、谦恭、公正的施政纲领显示于民。他还告诫当时正担任司寇（司法长官）的康叔说："敬明乃罚……告汝德之说，于罚之行。"也就是希望康叔在行罚时要慎重明察，"德刑合一"，这也是中国法律史上首次将德与刑落实到字面意思，落实到思想层面。

那么，周公法律思想中的"明德"包含哪些内容？"明德"是针对统治者而言的，即在"敬天""敬祖"的基础上做到"保民"，也就是我们现在常说的重视民心向背、勤政爱民之意，周公认为商纣王之所以无法长久享国，就是因为他"不闻小人之劳"，心中没有百姓，只贪图自己的享乐，而商人的先祖中宗、高宗、祖甲之所以能享国日久，即在于"治民祗惧，不敢荒宁"，他进一步要求西周的统治者效仿周文王"自朝至于日中昃，不遑暇食"，"不敢盘于游田，以庶邦惟正之供"，以使百姓康泰。

勤政爱民、励精图治是一方面，统治者更要体察民情，当"知稼穑"，"先知稼穑之艰难，乃逸，则知小人之依。"要先了解种田的艰难，才能理解百姓的甘苦。对此，周公作了一个类比，他说，有的年轻人，自己的父母勤劳种田，他却四体不勤，五谷不分，甚至还看不起他的父母，久而久之便行为放肆，追求享乐，统治者也一样，百姓是自己的衣食父母，只有体察百姓的疾苦，方能克制自我，真正做到勤政无逸。勤政爱民是第一步，给百姓一些实际恩惠，使他们能安居乐业，宽以待民，惠民裕民，是实行德政的关键，只有宽待百姓，才能招徕四方之士。周公"明德慎罚"法律体系正是建立在这种可贵的"民本"思想之上的。

另一方面，"慎罚"顾名思义就是要慎用刑罚。"乱罚无罪，杀无辜，怨有同，是丛于厥身。"（《尚书·无逸》）如果妄用刑罚，必然导致民怨都集于统治者一身，那么朝政就岌岌可危了。而"慎罚"绝不是无原则地宽刑，而是提升刑罚的科学性和公信力，从而更好地维护统治。周公的"慎罚"思想主要体现在以下几方面：

其一，缩小株连。周文王就夏、商两代采取的"罪人以族"的刑罚，提出了"罪人不孥"的主张，反对族株连坐，主张罪止一身，周公沿袭了这一思想，提出："父子兄弟，罪不相及。"（《尚书·康诰》）其二，宽严适中。周公曾大力褒扬司寇苏忿生："司寇苏公……兹式有慎，以列用中罚。"（《尚书·立政》）这里的"中罚"就是指宽严有度，既不偏重，也不偏轻，刑当其罪。而所谓有度，就是要具体问题具体分析，比如区分"故意犯罪"与"过失犯罪"、"惯犯"与"偶犯"。《尚书·康诰》中规定，对那些罪虽小但是是故意和惯犯的，也要从重处罚；对那些罪虽大却是过失和偶犯的，当从轻处罚，法律保护百姓，不只是被害者的权益，还包括罪人的权益，这是公平公正的法律的最高境界。其三，勿加干涉。周公在《尚书·立政》中说："庶狱庶慎，惟有司之牧夫，是训用违。庶狱庶慎，文王罔敢知于兹。"治狱之事当由专人负责，统治者不应妄加干涉，文王在这方面已经为后世帝王做好了表率。这是我们现在所倡导"司法独立"精神的雏形，周公在上古时期就已提出，足见其远见卓识。其四，结合教化。周公以为刑罚并非目的而是减少犯罪、维护社会稳定的有效手段，因此劝民从善，以此防止犯罪："罔不明德慎罚，亦克用劝；要囚殄戮多罪，亦克用劝；开释无辜，亦克用劝。"（《尚书·多方》）意思是实行德政、慎用刑罚、释放无辜，目的都是劝民从善。

概括起来说，周公的"明德慎罚"思想有两大重要意义，第一，从"天命天罚"的神权法思想向"以德配天"的君权法过渡，使法律褪去了神秘的面纱，从天上着陆到人间；第二，"明德慎罚"可以说开中国法制思想中"宽简之法"的先河，后世儒家的法律思想便是对周公思想的直接承继。我们在惊叹其中开明的"民本"思想之余，要明确的是其法律思想本质上是为统治者服务的，当统治阶级的利益受到侵害时，他会毫不犹豫地动用刑罚，予以镇压，而且是"刑兹无赦"（《尚书·康诰》），也就是说周公的法律思想是他所创的"礼乐"制度的有机组成部分，是为了实现"亲亲、尊尊、有别"的不平等但有序的社会理想。

孔子（前551年—前479年），儒家学派创始人，他一生"食无求饱，居无求安"，践行"仁义"之道，追寻"复礼"之梦。"仁"和"礼"是孔子思想体系的逻辑起点、价值核心，正因为如此，我们总将儒家与法家相对立，然而，万事万物并不决然对立，儒家亦蕴含着法家思想。

法自君出

春秋是一个"礼崩乐坏"的时代，周天子的权威在当时早已名存实亡。为恢复"礼乐征伐自天子出"的传统制度，儒家提出了"法自君出"的理念。

上古时代的政治制度最大的特点就是"礼法合一""兵刑同制"，也就是说，制定礼乐、决策征伐，实际上都涉及立法的问题。那么，立法权该如何归属？照理说，立法权该归天子所有。然而，在周王室式微的情况下，"礼乐征伐自诸侯出"（或"自大夫出"）、"陪臣执国命"的现象比比皆是。以孔子为代表的传统儒家对此痛心疾首，在他们看来，当务之急便是"正名"。

《论语·子路》篇中记载了孔子与子路关于"正名"的一段对话。当时卫出公邀请孔子至卫襄助执政，临行前，子路问孔子："夫子治国打算先从哪些事情做起呢？"孔子回答说："首先必须正名分。"率直的子路当即表示出疑义："有这样做的必要吗？夫子的想法是不是有些不合时宜，这名怎么正呢？"孔子批评子路道："仲由，你可真够放肆的！君子对于他所不知道的事情，总是采取存疑的态度，闭口不言。正所谓'名不正，则言不顺；言不顺，则事不成；事不成，则礼乐不兴；礼乐不兴，则刑罚不中；刑罚不中，则民无所措手足'。"在孔子看来，"名正言顺"是"礼乐""刑罚"顺利实施开展的前提，也是老百姓安居乐业的先决条件，因此，制定"礼乐""刑罚"制度首先得为天子"正名"，严格遵守"君君、臣臣"的宗法等级秩序，并且将立法权收归天子所有，因此，"法自君出"的观念是对于既有礼法制度的维护，与孔子"复礼"的理想一脉相承。

德主刑辅

在法律制度的具体实施方面，孔子主张"德主刑辅"，也就是在"依法治国"和"以德治国"两者之间，孔子更强调"德治"的主体地位，这和我们现在有很大的不同。孔子极为重视"为政以德"，他说："为政以德，譬如北辰，居其所而众星共之"，"道之以政，齐之以刑，民免而无耻；道之以德，齐之以礼，有耻且格。"如果统治者以"德"为政，那么大臣也好，百姓也好，就会像天空上的星星围绕着北极星一样，自然而然地围绕在国君周围，遵从其统治。而施政的核心当"道之以德，齐之以礼"。在孔子看来，用"德"与"礼"形成一种内在约束，使老百姓由内在的羞耻之心生成外在的言行规约，相反，若是纯粹地以"政令"和"刑罚"来束缚百姓，百姓的行为也只是纯然就避免刑罚出发做一些表面文章。

既然是以"德"为政，孔子还认为统治者应该成为道德表率，《论语》中记载了季康子与孔子的对话。季康子问孔子："依靠杀'无道'之人的方式来实现'有道'，您认为可以吗？"孔子的回答是："既然是为政，哪里需要依靠杀戮？应该是您想要让百姓良善百姓就自然良善。"他作了一个比喻："君子之德风，小人之德草。草上之风必偃。"统治者的"德行"与百姓的"良善"构成了一种"风吹草动"的因果关系，言下之意就是君子之"风"将直接影响着平民百姓的德行。

与之相应的是孔子的法律思想——"德主刑辅"，而这一思想是以"仁"与"礼"为基础的。孔子所说的"仁"是一种道德观念，也正是"德主刑辅"中"德"的内容，"礼"则是"德主刑辅"思想落实的社会基础与政治基础，这种"礼"包含着西周以来所形成的整套典章制度和风俗礼仪，是以血缘为纽带，以君臣父子为核心的宗法等级制度。

儒家以"仁""礼"为基础行"德治"，并不意味着忽视"刑罚"的作用。《左传·昭公二十年》载"郑国多盗"，郑国统治者"尽杀之"。对这件事，孔子基本是持支持态度的："善哉！政宽则民慢，慢则纠之以猛。猛则民残，残则施之以宽。宽以济猛，猛以济宽，政是以和。"当统治过于严苛应适当放宽，而当统治过分宽松就应用刑罚来进行调节，宽以济猛，猛以济宽，唯有如此，才能政通人和。

父子相隐

法理与人情历来是一对矛盾，从现代人的观念看，人情应当让位于法律，而孔子显然更看重"人情"，《论语·子路》载："叶公语孔子曰：

'吾党有直躬者，其父攘羊，而子证之。'孔子曰：'吾党之直者异于是：父为子隐，子为父隐，直在其中矣。'""攘羊"即"偷羊"，从法律角度来看，父"攘羊"是偷盗的违法行为，但从人情角度看，父为子隐是"慈"，子为父隐是"孝"，父子之间的"慈""孝"的"人情"高于法律。

孔子的这一论点为后世的法家所诟病，《韩非子·五蠹》就认为父子相隐是"私而不公"，有包庇之嫌，然而，孔子的"父子相隐"理论自有其内在逻辑。儒家极为重视"孝悌"，《论语·学而》曰："孝弟也者，其为仁之本与！"将"孝悌"视作"仁"的根本。

孔子生活在宗法社会，"家国同构"是其社会形态，因而社会伦常是以血缘关系为基础的，而君主政治的基点亦是家族伦理，因而君主不仅是国家元首，还是家族乃至全国最高家长，所谓的"王道"政治，就是"以孝治天下"。而"孝"符合"礼"的要求，合"礼"即合"法"。于是，孝与不孝远远超出了家族的范围，不再是一个道德品行的问题，而成为关系政治根基、社会治乱的重大法律问题。而从人性的角度看，孝悌是人类基于亲情纽带所蕴含的最真挚的情感，孔子"父子相隐"的主张，实际上也是顺应人之自然情性的。

另一方面，孔子虽主张"父子相隐"，可在关乎国家存亡的原则性的问题上却主张"大义灭亲"，且丝毫不让步。据《左传·昭公十四年》记载，晋国大夫叔向主张处死徇私枉法的弟弟叔鱼，孔子称赞叔向"不隐于亲"，"杀亲益荣"，是"可谓直矣"。足见孔子在处理有关家与国、孝亲与忠君的法律关系上有着自己的平衡原则，其衡量标准除"礼"以外，还有"义"。

古希腊先哲柏拉图内心有一"理想国"，孔子心中应该也有一"理想国"，如果说柏拉图的理想国中的最高统治者是"哲学王"，那么，孔子的理想国中应住着一位"道德王"，以其德行凝聚天下。孔子的"德主刑辅"思想与周公倡导的"明德慎罚"遥相呼应，从本质上看，孔子的法律思想是复归"周礼"的具体手段，也是其施行"仁政"不可或缺的辅助方式，自然带有深深的"仁"与"礼"的烙印，这一思想在历史上具有很强的生命力，后世不少政治家以儒家慎刑慎杀的思想主张反对用繁法严刑，行"德治"辅以"法治"。

孟子慎刑富民以行王道

孟子（约前 372 年—前 289 年），名轲，邹国人（今山东省邹城市人），是战国中期儒家的主要代表人物，他是孔子之孙子思的再传弟子，在学术思想上形成"思孟学派"，主张"德刑并用""以德辅刑""省刑罚，薄税敛""慎杀恤刑""为民制产"，其法律思想总体上延续了孔子的主张。

省刑重教

《孟子·梁惠王上》记载了孟子与梁惠王的一段对话，梁惠王问孟子："我治理国家，在各诸侯国中算是尽心尽力了。可是，我国的百姓并不因此而增加，这是什么缘故呢？"孟子趁机向梁惠王"推销"其施"仁政"以行"王道"的理念："不违农时耕作，就不愁五谷不丰收；不撒密网捕鱼，鱼鳖也就不可胜食……若能做到使百姓养生丧死而无憾，谨庠序之教，申之以孝悌之义，这就是王道的开端了。"孟子所言的"王道"政治主要包括遵循自然规律和行礼义教化两个方面。梁惠王听后饶有兴

法家的理想人

致地说："请先生继续说，寡人愿闻其详。"孟子不急着说理，他问梁惠王："用棍棒和刀杀人，有差别吗？"惠王说："没有差别。"孟子又问："用刀杀人和运用政治手腕害人，有差别吗？"惠王说："也没有本质差别。"孟子类比说："厨房里有肥嫩的肉，马厩有健壮的马，百姓却面带饥色，饿殍遍野，这和禽兽吃人没什么差别。大王如果能够施仁政于民，省刑罚，薄税敛，重视教化的作用，使壮者在闲暇之时静修孝悌忠信，在家能侍奉父兄，外出能尊长敬上，即使是手里拿着木制的棍棒，也可以跟拥有坚盔利甲的秦、楚军队相对抗。"最后，孟子得出的结论是"仁者无敌"，省刑重教的观点是对孔子思想的继承和发展。

恤刑慎杀

孟子在重教化、省刑罚之余，并不忽视法律与刑罚的作用，他认为"徒善不足以为政，徒法不能以自行"，主张治国应"明其政刑"。不过他的法律思想仍在孔子"德主刑辅"的框架之内，他反对滥杀无辜，明确提出"罪人不孥"和"国人杀人"两项法律原则。

在我国，株连之罪起源极早，商代就开始行"罪人以族"的刑罚了，早在西周初年，周文王、周公就反对族株连坐，主张"罪人不孥"。到了春秋战国时期，群雄逐鹿，战争频仍，"族诛"之罪逐渐扩大为"夷三族"，即父族、母族、妻族，因而，孟子再次强调"罪人不孥"的思想，主张罪责自负，不殃及妻子儿女以及族人，孟子反对"族诛"的宽政与当时法家主张"连坐"的严刑构成了鲜明的对比。

"国人杀人"主要针对死刑，据《孟子·梁惠王下》记载，孟子在齐国时，有一次齐宣王问他如何才能分辨人的贤能与否，如何才能判定一个人的生杀取予，孟子趁机就"死刑"问题提出了看法，他说："一个人犯法，如果大王亲信之人都说当杀，您不要听；如果大夫臣子都说可杀，您也不要听；如果黎民百姓都说可杀，您还是不能急着听，应当去调查取证，如果确凿无误，方可行刑。"换言之，行刑杀人必须审慎，不能草菅人命，滥杀无辜，这是对生命的珍视与尊重。

早在春秋时，孔子曾提出"恤刑慎杀"的主张，孟子的"罪人不孥""国人杀人"就是对孔子思想的再阐发。

为民制产

孟子还尝试着从经济角度切入分析百姓犯罪根源，他认为百姓之所以触犯法律，主要是因为"无恒产"，正所谓"有恒产者有恒心，无恒产者无恒心"，要从根本上消除犯罪，必须竭尽全力"制民之产"，解决老百姓的衣食问题，让老百姓"有恒产"——足够的田地和房产，他曾描绘了一幅民有恒产而安居乐业的小康生活图景："五亩之宅，树墙下以桑，匹妇蚕之，则老者足以衣帛矣。五母鸡，二母彘，无失其时，老者足以无失肉矣。百亩之田，匹夫耕之，八口之家足以无饥矣。"（《孟子·尽心上》）孟子认为，使百姓安居乐业，老有所养，无饥饿之虞，不仅是有效地施行教化的前提，也是预防犯罪的重要途径。

孟子慎杀恤刑的思想与周公"明德慎罚"、孔子"德主刑辅"的主张一脉相承，而其"为民制产"的"恒产恒心说"启发了荀子，其后，荀子进一步提出"藏富于民"的想法——"裕民则民富"，民富则国富，更明确地论证了富民对于富国的意义，与其用严刑峻法限制百姓的行为，不如让他们富足无忧，安定满足，以此改善民风，这就是儒家的"仁政"的智慧。

荀子的『礼法融合』

荀子（前313年—前238年），战国时期儒家的代表人物。少年时，由赵入齐，在人才云集的稷下学宫求学、讲学，一度成为稷下学宫的祭酒，品级和地位相当于现在的国家最高学府的校长，其后游历秦、楚、燕、赵等国。按照传统学术观点，荀子被称为继孔孟之后的又一位儒学大师，但后世有不少研究者试图揭开他的儒学面纱，认为他不是传统的儒者，而是法家的一员，宋明理学的代表人物朱熹认为荀子具有很强的法家特性，明清之际的思想家傅山认为："《荀子》三十二篇，不全儒家者言……但其精挚处即与儒远，而近于法家。"

化性起伪

较前代儒家，荀子可谓反传统之人，他提出了不少"反传统"的观点，最著名的莫过于"性恶论"。人性之善恶的讨论关系到礼法制度建立的根源，但孔子没有就"人性"善恶作系统论述，只是提出"性相近，习相远"，较早探讨人性善恶的是孟子，他主张"人性本善"。"人性之善也，犹水之就下也。人无有不善，水无有不下。"（《孟子·告子上》）"恻隐之心""羞恶之心""恭敬之心""是非之心"，这"四心"是"仁义礼智"的内在表现，也是人们所固有的"善端"，只是受后天环境的影响才导致人性发生了变化，所以"学问之道无他，求其放心而已矣"。"礼"的教化、"法"的规范都是为了帮助人们找回失去的良善"本心"。

荀子的观点与孟子截然不同，他提出"人之性恶，其善者伪也"的观点，认为人的天性是"饥而欲食，寒而欲暖，劳而欲息，好利而恶害，是人之所生而有也，是无待而然者也，是禹、桀之所同也"。正因为人性的好利、自私，因此，若"从人之性，顺人之情，必出于争夺，合于犯分乱理，而归于暴"，如果顺着人性而不加引导、限制，任其自然发展，必然会引起纷争矛盾，导致社会秩序的混乱，礼仪教化、法令刑罚这些后天"人为"之物，就是用于引导、限制，对本"恶"的人性加以改造的，荀子称这一过程为"化性起伪"。"故圣人化性而起伪，伪起而生礼义，礼义生而制法度。"（《荀子·性恶》）这里所谓的"起伪"，不关"虚伪"，而是建立礼义、法律等"人为"的制度，以此改造人的本性，使之由恶向善。荀子"化性起伪"的思想为法律的源起及必要性建构了一个富于创造性的逻辑基础。

隆礼重法

和其他儒家学者一样，荀子提倡"礼"："礼者，人道之极也。"（《荀子·礼论》）他将礼置于极高的位置。"礼"渗透于所有的社会关系之中："礼也者，贵者敬焉，老者存焉，长者弟焉，幼者慈焉，贱者惠焉。"（《荀子·大略》）然而，荀子之"礼"不同于孔孟，主要差别在于，孔孟主张道德"自律"，荀子则更注重道德"他律"，他的论述中"礼"与"法"

就好似一对如影随形的孪生兄弟，"非礼"即"无法"，"治之经，礼与刑"，"隆礼至法则国有常"，要想国家长治久安，必须推崇"礼"，同时还要将"礼"的原则法律化，礼法合一。

可以说，在先秦诸子百家中，最重视法律的价值的莫过于荀子，《荀子·君道》曰"法者，治之端也"，明确指出法律是治国之本。因此，他主张订立成文法规，并且在百姓之中大力宣传，使之家喻户晓："天下晓然皆知夫盗窃之人不可以为富也，皆知夫贼害之人不可以为寿也，皆知夫犯上之禁不可以为安也。由其道，则人得其所好焉；不由其道，则必遇其所恶焉……故莫不服罪而请。"（《荀子·君子》）天网恢恢，疏而不漏，违法之人不仅将受到上天的惩戒，而且必将受到法律的制裁。那么，如何制裁违法行为？荀子的主张是不惜重刑，依法严惩。"以为人或触罪矣，而直轻其刑，然则是杀人者不死，伤人者不刑也。罪至重而刑至轻，庸人不知恶矣，乱莫大焉。凡刑人之本，禁暴恶恶，且征其未也。杀人者不死，而伤人者不刑，是谓惠暴而宽贼也，非恶恶也。"（《荀子·正论》）在荀子看来，执法不公、重罪轻刑是滋生违法犯科、暴乱贼逆等行为的温床，因此必须做到秉公执法，罪刑相当。

宁僭无滥

然而，荀子并不是一味地主张重刑严刑，他不仅继承了孟子的"慎刑"思想，而且还进行一定的发展和改造，他提出了"宁僭无滥"的思想："赏不欲僭，刑不欲滥。赏僭则利及小人，刑滥则害及君子。若不幸而过，宁僭无滥；与其害善，不若利淫。"（《荀子·致士》）赏罚由律、刑赏相当是执法的原则，但是当遇到特殊情况，很难做到刑赏相当时，宁可赏赐过头，也不能滥用重刑，宁可因错赏而利及小人，也不能滥用重刑而伤害君子。因此，审理案件必须秉持"明其请，参伍明"的原则，

"谨施赏刑"。所谓"明其请，参伍明"，就是反复查清案件的来龙去脉，明辨错综复杂的案件内部关系，唯有此，再隐秘难断的案件也终将水落石出。

对于荀子，我们很难确切地界定他的思想究竟是儒是法，从儒家的角度看，他反对"性善"，推崇法制；由法家的角度看，他不仅重法，而且隆礼，反对严刑峻法，主张"谨施赏刑"。我们不妨跳出单一视角，从其"隆礼重法""礼法合一"的思想，深切地感受儒、法两家在他身上的完美融合。

墨子，名翟，鲁国人，是墨家学派的代表人物，其生卒年份不可考，据推测大约生活于战国初期。相传墨家学派来源于"武士""游侠"等群体，有相当严密的组织纪律。墨家的核心人物被称为"钜子"（"大师"），不仅是墨家团体的精神领袖，而且对本团体的成员操有生杀大权。就思想主张而言，墨子与孔子不同，孔子对周代的传统典制、礼仪都抱理解之同情态度，墨子则质疑其合理性和实用性，并力求使之简化。冯友兰在《中国哲学简史》中对孔子和墨子作了这样的评价："孔子是一位文雅有修养的君子，墨子则是一位充满战斗精神的布道家。"然而，墨子并没有从根本上否定孔子的"仁义"思想，他提出"兼爱"的主张，而其"兼爱"与法家的思想亦有千丝万缕的联系。

尚同尚贤

儒家的"仁爱"与墨家倡导的"兼爱"并不能画等号。儒家虽崇尚仁爱，然而其"复礼"理想决定了儒家的"仁爱"是有等级、有差异的，而墨家的"兼爱"则是以"尚同"为核心的。

《墨子·尚同上》曰："古者民始生，未有刑政之时，盖其语，人异义。是以一人则一义，二人则二义，十人则十义，其人兹众，其所谓义者亦兹众。是以人是其义，以非人之义，故交相非也。是以内者父子兄弟作怨恶，离散不能相和合。天下之百姓，皆以水火毒药相亏害，至有余力不能以相劳，腐朽余财不以相分，隐匿良道不以相教，天下之乱，若禽兽然。"

以上这段话的大体意思是说：远古时期，人类刚刚诞生，那时还没有国家，没有政权，没有法律，没有统一的思想，每个人心中都有属于自己的是非善恶标准。因此人们用言语所表达的想法也是各不相同，一人有一种意见，两人有两种意见，十人有十种意见，人越多，不同的意见也就越多，而且每个人都认为自己的意见对而别人的意见错，因而相互攻击、相互指责，甚至在家庭内部父子兄弟常因意见不同而相互疏远、相互仇视，以至于天下百姓人心离散，相互残害。有余力之人不愿对他人施以援手，有余财者宁愿让钱财腐烂也不愿赈济穷人，闻道者独善其身缄口不言，以致天下人相互倾轧纷争，有如禽兽一般无礼义廉耻之心。

墨子所处的春秋战国时期，礼崩乐坏，诸侯林立，异说迭出，征战频繁，与墨子笔下所描绘的远古时期"人心离散"的现象并无二致，对此墨子提出的解决方案即是墨家著名的"尚同"思想，统一天下人的是非善恶的价值标准，力求建立统一的政治秩序，而法律的制定是"尚同"（统一是非善恶的价值观）最直接的体现形式。墨子的"尚同"思想有力地论证了国家与法律的起源与必要性。

根据墨子的论述，"举天下之万民以法天子"是尚同的具体方法，要治理好国家，实现大治，万民能够以天子所定立的是非善恶为标准，做到这点，就可以达到"治天下之国若治一家，使天下万民若使一夫"的境界。既然是"举万民法天子"，那么，天子本身的贤能决定了国家的治乱。基于此，墨子提出了"尚贤"的主张，首先，天子当是贤良通达、圣明睿智之人；其次，协助天子"一是非善恶"、定法律制度的三公、将相、大夫，乃至乡长、里长也必须是贤明通达之人。墨子尤其推崇"贤人治国"，落实到具体政治措施为"赏贤""罚暴"。所谓"赏贤"，就是把天下的贤能之士都挑选出来，给予他们高官厚禄，放手让他们处理政事，不仅"富之贵之"，还要"敬之誉之"；所谓"罚暴"，就是对于那些不仁不义之徒将予以法律的制裁。无论是赏是罚，都当力求做到公平公正，赏当贤，罚当罪，举贤任能，赏罚严明。以上这些，无论在法家改革者的实践中，还是法学理论家的著述中，都能见到熟悉、相类的影子。

兼相爱，交相利

在墨家看来，天下人纷争、倾轧的原因，不仅在于是非善恶的价值标准不一致，更在于没有将是非善恶的标准统一到"兼相爱，交相利"上来。"兼相爱，交相利"是墨家思想体系的核心观念。何谓"兼相爱"？借墨子自己的话就是："视人之国若视其国，视人之家若视其家，视人之身若视其身"，就是不分人我，不分亲疏厚薄，"远施周遍"地爱人，当然，"爱人不外己"，也包括爱自己。

然而，墨子不全然是理想主义者，仅仅停留在"爱人"层面上终究是不够的，"兼相爱"并非终极目标，使人们从互爱中有所收获，才是墨子真正所追求的，离开了"利"，"兼爱"似乎就只是美丽的空中楼阁，墨子说："爱人者，人必从而爱之；利人者，人必从而利之；恶人者，人必从而恶之，害人者，人必从而害之。"（《墨子·兼爱中》）与儒家不同，墨子没有否定人们对于利益的诉求，而是把"利"看作人最自然的需要，是最重要的内容。他把"交相利"作为落实"兼相爱"的具体目标，反对空谈仁爱而不顾实际利益的做法。

那么，何为"交相利"？就是视对方的利益为自己的利益，所有的人彼此之间以对对方有利为自己的行为准则，所有的人都以兴天下之利为己任，简言之，在利人的基础上实现利己。以"交相利"为目的，使墨家的"兼相爱"较儒家的"仁义"更接地气，更容易为世人接受。

"兼相爱，交相利"的对立面则是"别相恶，交相贼"，一切犯罪的行为便源于此。《墨子·兼爱上》对"盗"和"贼"的心态做了分析，"盗"在今天指小偷，小偷因为只爱自己的家、不爱别人的家，因而偷取别人家的财物使自家获利；"贼"在今天指"大盗"，大盗行盗的逻辑是只爱自己不爱别人，因此损害他人以利自身。在墨子的论述中，"兼相爱，交相利"是建立一个有序、互利的社会的根本，所有"兼相爱，交相利"的行为，是仁义，不符合的行为，便是不仁不义，是"罪恶"，当受到法律的约束与制裁。我们所熟知的墨子"非攻"思想就是从中衍生出来，"非攻"主要包括两点：一是不攻杀无辜之人，二是不攻击无罪之国。在墨子的论述中，他把侵犯他人、他国利益的行为看作是不义之罪；更把杀害无辜、发动战争屠戮生灵视作不赦之罪。但他并不认为杀人都是罪过，如果所杀所罚是盗贼则另当别论，因为犯罪理应受到法律的制裁。

墨子本着"兼相爱，交相利"的原则，力图建立一个互爱、互利的平等社会，法律与制度是他实现这一愿景行之有效的辅助工具，从这一点看，墨子的理想与儒家"德主刑辅"的主张有着异曲同工之妙。

老子（约前571年—前471年），姓李，名耳，字聃，又称老聃，是春秋末期楚国人，也是道家的祖宗。《史记·老子韩非列传》称，老子曾任周的史官，孔子曾问礼于老子。因周室衰微，礼崩乐坏，战乱频仍，老子便回乡隐居。庄子（约前369年—前286年），名周，战国时期宋国人，与孟子同时代。据史载，他做过漆园小吏，去职后靠编草鞋为生，一生清贫，然而他崇尚自由，视功名如粪土，成语"曳尾涂中"讲的就是庄子的这种精神。老庄的法律思想与道家"清静无为"的主张一脉相承。

道法自然

相对于人为人定的法律，老子、庄子更崇尚"自然法"——"道法自然"，也就是在人为的规则——"人之道"以上由"天之道"统摄，它"惟恍惟惚"，难以捉摸，无可言说，却广大无边，无所不在，支配着天地万物的运行。那么，"天之道"（"自然之道"）究竟具有怎样的原则？

其一，便是"无为"。老子反复强调"道法自然"，"道常无为"，换言之，"自然无为"是道的核心精神，正因为如此，"道"对于万物是"生而不有，为而不恃，长而不宰"（《道德经》十章），催生万物却不占为己有，运行万物却不居功自傲，长养万物而不求回报，一切都顺其自然不加干预，这样做达到的境界是"无为而无所不为"。按照这样的逻辑，统治者治国应当遵循"天道"，《老子》第三十七章曰："侯王若能守之，万物将自化。化而欲作，吾将镇之以无名之朴。无名之朴，夫亦将无欲。不欲以静，天下将自定。"王侯治国如果遵循"道"，无为清静，百姓自能质朴清静、自我化育，天下又怎会产生动乱！因而无论是宇宙运行，还是治国处事都应当遵循"自然无为"之法，庄子将之称为"循道而趋"。

其二，是"不争"。天道"自然无为"，故而"不争"，"天之道，不争而善胜，不言而善应，不召而自来，繟然而善谋。"（《道德经》七十三章）天之道，不主动争斗却善于取胜，不发表言论却善于回应，不发出召唤却能让对方自动到来。故而，老子尤其推崇水的智慧，他认为，最高的善就如同水一般，水滋润万物却不与万物相争，它能够甘处人所恶的低洼之处，所以它离"道"最近。因而至善之人，居处低洼之地，心胸深广沉静，待人仁爱无私，言语恪守信用，为政精简清净，处事发挥所长，行动把握时机，正因为有所不争，所以也就没有怨咎。

其三，公正无私。老子说："天道无亲，常与善人。"（《道德经》七十九章）天道不分亲疏，没有偏爱，永远帮助良善之人。关于天道的无私，老子打了这样一个比方："天之道，其犹张弓与！高者抑之，下者举之，有余者损之，不足者补之。天之道，损有余而补不足。人之道则不然，损不足以奉有余。"（《道德经》七十七章）天道如同拉弓射箭，弦位高了就下移，弦位低了就上移，它总是损耗有余来补给不足，以保持均衡，然而人之道就相反了，常常是损耗不足来供奉有余，因而不平衡愈发严重。

也正因为"天道"的无为、不争、公正无私，所以它能网罗万事万物，做到"天网恢恢，疏而不漏"，换言之，自然法网公平公正，具有一种不可抗拒的力量。而人类社会的法网作为自然法网的衍生，又怎能脱离恢恢之"天道"而自行其是呢？

攘弃仁义

老子推崇天道——"自然法"，对人定法的态度也很明确，即批判抨击。他说："天下多忌讳，而民弥贫……法令滋彰，盗贼多有。"（《道德经》五十七章）国家的禁忌愈多，老百姓便愈加贫困，法令愈繁苛彰明，盗贼就愈加猖獗。我们乍一看会觉得逻辑有些奇怪，以为应该是盗贼四起，才会严明立法加以限制。

然而，老子的逻辑是，人定法的产生从根本上是对自然无为的"天道"的违反，"天道"要求统治者"去甚，去奢，去泰"（《道德经》二十九章），"以无事取天下"，以清静之道治国，无为从而无所不为。可统治者偏偏要制定规章禁令，推行严酷繁复的法律法规，而这些律法本质上是为统治者的统治和维系统治阶级的利益服务的，是"损不足以奉有余"，从而导致富者愈富，贫者愈贫，百姓承受沉重的赋税压力，饥贫交加，失去生路，百姓一无所有，因此不畏死亡，敢于铤而走险。对此老子一语中的："民之轻死，以其求生之厚"（《道德经》七十五章），然而，"民不畏死，奈何以死惧之？"（《道德经》七十四章）百姓连死都不怕了，刑罚的威慑能有多少效力呢？

老子不仅批判人定之法，而且还抨击人为的"礼治"与"道德"，他说礼是"忠信之薄，而乱之首"。忠信不足，动乱四起，才要讲礼。"大道废，有仁义；智慧出，有大伪。六亲不和，有孝慈；国家昏乱，有忠臣。"（《道德经》十八章）"道法自然"被弃置了才形成仁义的概念，智慧出现了，紧随其后的是"狡诈伪饰"，六亲不和、家庭矛盾，才会倡导父慈、子孝，国家政治昏乱不堪，才彰显忠臣的价值。所以儒家的圣人、智者在老子看来也是人为的"伪饰"，他认为最高的境界不是"圣明""睿智"，而是能够"绝圣弃智"，去伪存真，复归自然。总之，老子抨击一切人为的律令，道德律令也好，刑罚律令也罢，都是违反、束缚人的自然天性的，都是与"自然无为"渐行渐远的。在这一点上庄子与老子高度一致，礼法度数，刑罚奖赏，在庄子看来也都是治国的下策，祸乱的根源。

然而，老庄哲学是不是就是彻底反对人定法？《道德经》五十七章中说："以正治国，以奇用兵，以无事取天下。"所谓的"以正治国"，就是指以清静之道治国。"以无事取天下"，即指以无为的政治争得民心，老子一直崇尚治国的最高境是如"烹小鲜"一般举重若轻，他所推崇的"无为"并不是指毫无作为，而是不妄为，不是指没有法律规则，而是反对以繁政苛政、严刑峻法来扰民、制民。老子把人类社会的政治生态分为四重境界："太上，不知有之；其次，亲而誉之；其次，畏之；其次，侮之。"（《道德经》十七章）治民的最高境界，人民感觉不到统治者的存在；第二重，人民亲近、称颂他；再者，人民畏惧他；最下，人民蔑视他。从《道德经》全书看，老子法律思想的基本立场是崇尚自然无为，主张法网宽疏。

相对老子而言，庄子对人定法的态度更为决绝，庄子不仅批判"礼乐仁义""智者圣哲"，而且从根基上彻底取消一切制度、规范的合理性。"为之斗斛以量之，则并与斗斛而窃之……为之仁义以矫之，则并与仁义而窃之。何以知其然邪？彼窃钩者诛，窃国者为诸侯，诸侯之门而仁义存焉。则是非窃仁义圣知邪？故逐于大盗，揭诸侯，窃仁义并斗斛权衡符玺之利者，虽有轩冕之赏弗能劝，斧钺之威弗能禁。此重利盗跖而使不可禁者，是乃圣人之过也。"（《庄子·胠箧》）庄子认为"圣人不死，大盗不止"，因为圣人给天下人制定仁义道德，就好像度量衡一般成为衡量一切行为是否合理合法的准则，然而，这些准则一并都被大盗给窃取了。我们看看世道上仁义礼法是如何运作的，偷窃一个钩子的人，被称为盗贼而定罪诛杀，可是窃国"大盗"却成了王侯，高高在上，而圣人所倡导的"仁义"终究成为王侯装点门面的工具，而礼制、法律也只不过是王侯维护私利的工具而已。因此，只有攘弃仁义，彻底摒弃"人为之法"，天下才能恢复淳朴自然之德。

孔孟崇尚"仁"与"礼"，强调道德规约，辅之以法律，目的在于维持社会等级秩序，而老庄道家崇尚自然之法，追求超越一切世俗束缚与规约的自由境界，其"制度虚无主义"的论调尽管有着很强的理想色彩、消极的厌世情绪，然而其对制度的批判直击要害，发人深省，而"道法自然""清静无为"的思想对后世统治者的治国方略具有一定的借鉴，比如汉初、隋唐初年，就采取"与民休息"的政策，轻徭薄赋、宽律弛禁，正是以道家思想为指导的。

本章小结

　　"恤刑慎杀"一直以来都是与"以刑去刑"并存的法律思想，其源头是上古三代"敬天保民"的思想，周公将之落实为"以德配天""明德慎罚"。此后，儒家将之发扬光大，孔孟皆强调德主刑辅、省刑重教，即使是儒家学派的另类——荀子在礼、法并重的同时，也不赞同重刑严刑，提出"宁僭无滥"的原则；墨子虽不同于儒家，但在他看来，推行公平公正的法治以"赏贤""罚暴"是缔造"兼爱互利"社会的有效工具。在对待法律的问题上，道家相较儒、墨两家更为决绝，老庄虽不否定"人定法"的存在意义，但他们显然更推崇"自然法"，崇尚清静无为，不妄作，即使是儒家崇尚的仁义礼智，在他们看来也不过是刻意妄作，与自然法相悖，遑论严苛的刑罚律令！然而，看似对立的儒、墨、道等家的法律思想却被后世不少统治者加以调和，作为施宽简之政，行宽简之法的理论依据。

五 恤刑慎杀（下）

汉初君臣『无为而治』的法律思想

秦征服六国、统一天下，靠的是以法家哲学为基础的残酷、刻深的精神，结果导致天下叛怨，"一夫作难而七庙隳"。汉朝初期的几代帝王均吸取秦不事礼义、专任刑罚、二世而亡的教训，以黄老"清静无为"的思想为指导创立法度。

清静无为

西汉建立之初，刘邦君臣面对的是一片凋敝、破败的景象，连年的战争使得百姓流离失所，国库空虚，物价飞涨。统治者要收拾旧山河，稳固政权，当务之急是要让百姓安定下来，迅速恢复农耕、生产。高祖刘邦下诏称："前日天下大乱，兵革并起，万民苦殃，朕亲被坚执锐，自帅士卒，犯危难，平暴乱，立诸侯，偃兵息民，天下大安。"（《汉书·高帝纪》）

黄老之学力主"清静无为"，恰好满足了"偃兵息民，天下大安"的愿望。汉朝君臣对秦二世而亡的原因作了深刻的分析，他们认为秦朝统治者奉行"有为""多欲"的政策，使"蒙恬讨乱于外，李斯治法于内"，事愈烦而天下愈乱。前车之覆，乃后车之鉴，西汉统治者必须调整治国之策，高祖的谋臣陆贾极力主张统治者从黄老之学中汲取智慧，顺应自然，无为而治，与民休息。"道莫大于无为，行莫大于谨敬。何以言之？昔舜治天下也，弹五弦之琴，歌南风之诗，寂若无治国之意，漠若无忧天下之心，然而天下大治。"（《新语·无为》）治国恰如弹五弦之琴，爱天下有若无忧天下之心，无为而无所不为，尧舜等上古圣王为后世统治者作了很好的范本。而"清静无为"对统治者提出了更高的要求，要做到"节欲"，控制自己的欲望，方能在政策上"省事""清静"，前代繁重的徭役、繁复的政令均是统治者物质欲望和权力欲望所致。因此，"清静无为"是自上而下的，这一点汉初君臣堪称后世表率，汉高祖、汉文帝作为帝王克勤克俭，后宫宗室用度也较为克制，历任施政从民所欲，而不扰民，"萧规曹随"成为千古美谈。

然而，无为并非无所作为，而是不妄为，为所当为。汉文帝认识到以"安民"为本，必须"驱民而归之农"，因而行"贵粟"之策以"劝趣农桑"，始开籍田，亲自下田耕作，以身作则。他还采用了晁错的主张，颁布了"入粟拜爵"的诏令，"募天下入粟县官，得以拜爵，得以除罪"（《论贵粟疏》），用法律作为武器来鼓励农业生产。文帝的贵粟之策极富成效，史书记载，文帝时，"百姓无内外之繇，得息肩于田亩，天下殷富……烟火万里，可谓和乐者乎！"

约法省刑

在"清静无为"的治国理念的指导下，汉初统治者主张行宽简之法。公元前206年，刘邦初入咸阳，对关中百姓说："各位父老乡亲，你们长期以来饱受秦的苛政酷法之苦，现在我与你们'约法三章'——杀人者死，伤人及盗抵罪，余悉除去秦法。""约法三章"虽说只是权宜之计，三章之法过于宽简而"不足以御奸"，后来，高祖令萧何、叔孙通等"攗摭秦法，取其宜于时者"作汉律，然而"设刑者不厌轻，为德者不厌重，行罚者不患薄，布赏者不患厚"的宽和之政为刘邦赢得了民心，对他战胜项羽、统一全国、稳定政权起到了关键的作用。

汉文帝即位以后进一步"约法省刑"，他首先发布了"尽除收帑相坐律令"的诏书，取消连坐收帑的相关法令，随后又下令废除"诽谤妖言之罪"，他在诏书里说："'诽谤妖言'的罪名，使得臣民三缄其口，不敢尽情对国家提出建议，皇帝也无法听到真话，修正自己的过失。"此后，汉文帝实行了一项前无古人的政令——废除肉刑。汉初刑罚依然沿用夏商以来的以肉刑为中心的五刑制度，肉刑主要有毁容的"黥刑"，割鼻的"劓刑"，砍脚的"斩趾"等，残损人的肢体，给人造成终身的痛苦，不仅如此，肉刑往往还要附加徒刑，终身奴役。文帝十三年（公元前167年），齐国看守太仓的官员淳于意犯罪，押送至长安受审，其女缇萦随父至长安，上书文帝说："小女子的父亲在齐国为官，人们都称赞他廉洁，如今他犯法将受刑，而小女子感到痛心的是死者不可复生，受刑者不可再恢复原状，即便将来有改过自新的意愿，也没有机会了。小女子甘愿入为官府为婢，失去个人的自由，来为父亲赎肉刑之罪，使他得以改过自新。"文帝读了缇萦的申诉，很有感触，于是下诏说："上古圣王在罪犯衣服上画上某种图像，或让囚犯穿上与常人相区分的衣服，就表示处以某种刑罚，即使这样，老百姓也很少有人犯罪，而今有黥、劓、斩趾之刑，犯罪的人却不见少，莫非是我身为天子德薄而教不明？这让我感到很惭愧。如今有人犯了过错，还未施教就处以肉刑，使他们想改过自新都没有机会。而那些截断人肢体，伤害人肌肤，让人终身无法复原的肉刑，是多么惭愧而寡德！朕以为当废除肉刑。"其后，丞相张苍、御史大夫冯敬按照文帝的旨意对"肉刑"作了逐条改革，原本施以黥刑者，改为髡钳，即剃光头发、胡须，脖子上戴一个铁钳，男子为官府筑城，女子替官府舂米；原本当施以劓刑者，改为笞刑三百；原本斩趾者，改为笞刑五百。后因笞刑刑数过多，犯人多因受笞刑而死，景帝又两次减轻笞刑数量。

汉文帝废除肉刑等举措是汉初约法省刑思想的延续，而肉刑的废除标志着中国刑罚史上的一大进步，文帝因废肉刑赢得"仁政"美名，后世皇帝没有一个敢冒天下之大不韪将肉刑重新纳入法定刑罚之中。即使动用肉刑或其他酷刑，也不属于正式法律的范畴。

德刑相济

如前所述，黄老之学主张"清静无为"，"无为"是老子思想的核心，然而黄老之学并不能与道家画上等号，这一学说发端于春秋末期、战国初期，托名黄帝，对老子"无为""自富""自朴"等思想加以继承改造，强调"人君无为，与民休息"。此外，黄老之学的智慧还在于"道中生法"，主张道、法、礼相互渗透，相互融合，事实上是道、法、儒三家的合流，在崇尚道家无为的同时，也不否定法家和儒家的效用，主张"文武并施""德刑相济"。

汉朝建立之初，儒生陆贾经常在刘邦面前称引《诗》《书》，刘邦不以为然地说："乃公居马上而得之，安事《诗》《书》？"陆贾反驳说："居马上得之，宁可以马上治之乎？且汤武逆取而以顺守之，文武并用，长久之术也。……乡使秦已并天下，行仁义，法先圣，陛下安得而有之？"刘邦认为陆贾说的不无道理，命令他总结"秦所以失天下，吾所以得之者"的历史教训。陆贾在肯定"无为而治"的前提下，论述了仁义德治的重要性。他说："秦以刑罚为巢，故有覆巢破卵之患；以李斯、赵高为杖，故有顿仆跌伤之祸。……圣人居高处上，则以仁义为巢；乘危履倾，则以圣贤为杖。……尧以仁义为巢，舜以稷、契为杖，故高而益安，动而益固……功垂于无穷，名传于不朽。"（《新语·辅政》）陆贾所总结的文字共十二篇，刘邦读后大为赞赏，号其书为《新语》。此外，刘邦君臣在承认礼义道德的重要性时，也不忽视法律的意义，刘邦入咸阳后，虽然宣布"悉除去秦法"，但是其谋臣萧何在入秦宫时，"收秦丞相御史律令图书藏之"，以备后用。在建国以后，汉高祖命"萧何次律令，韩信申军法，张苍为章程，叔孙通定礼仪"，而汉律基本以秦律为蓝本，与秦不同的是，秦过分倚重法律，剑走偏锋，但法令只能抑恶，不能扬善，而汉朝统治者巧妙地以黄老之学融合道、法、儒三家，惩恶劝善的同时，也找到治术的平衡点。

汉朝初年的统治者们——高祖、文帝、景帝等均为黄老之学的信徒，他们在"清静无为"思想的指引下，行宽简之法，文武并治，德刑相济，使西汉社会从连年战乱的凋敝、破败中迅速复苏，政通人和，国泰民安，真正实现了"无为而无所不为"的治国境界。武帝即位后，罢黜百家，独尊儒术，然而，儒术只是他统治思想的外衣，其内里却是"法术"，西汉的政治与法制也朝着与"清静无为"截然不同的方向发展了。

董仲舒（前179年—前104年），西汉广川（今河北枣强）人。他是汉代大儒，以《春秋》公羊学说著称于世，汉武帝即位后，举贤良文学之士，他凭借"天人三策"受天子赏识。然而，他的仕途并不顺遂，晚年为远离政治争斗而解甲归田，著书立说。他以儒学为底色，兼取阴阳五行、天人合一等观念，为君主制增添了神秘的光环，建构起"三纲五常"的宗法伦理体系，成为中国封建正统法律思想的理论奠基者。

"君权神授"

在董仲舒的理论体系中，天乃万物之祖，占据着至高无上的位置。"天地之生万物也以养人，故其可食者以养身体，其可威者以为容服。"（《春秋繁露·服制像》）天既可以长养万物，也可以统治万民。人世间的王者，是上天的使者，董仲舒这样解释"王"字："三画而连其中，谓之王。"三画代表的是天、地、人，连接其中、起到上通下达作用的就是

"王"，这个"王"放到当代就是"天子"。"天子者，则天之子也……天子受命于天，天下受命于天子。"（《春秋繁露·为人者天》）君主既受命于天，因而有权代行"天意"，若不服从君主统治就是逆天而行。

董仲舒以"君权神授"有力地论证了君主统治天下的合法性与神圣性。其实这套理论我们可以追溯至祭祀文化盛行的上古三代，春秋战国时期君权式微，"君权神授"观念逐渐淡漠，汉武帝时期，四海统一，"君权神授"观念再度强化，是顺应大一统帝国君权专制之潮流的。

"三纲五常"

当然，董仲舒的理论不仅限于沿袭前人，更重在发展创造，他以"天人感应"为基石，辅之以儒家思想和"阴阳五行"理论，建构了"三纲五常"的道德、伦理、政治体系。首先，君主代表天的意志行使统治职责，而"天"的意志又是借"阴阳五行"来体现，而人世间的伦理关系又是以"君臣、父子、夫妇"为主体的，董仲舒从"天人感应"及阴阳学说出发，重新对"君臣、父子、夫妇"进行了阐释。"君臣、父子、夫妇之义，皆取诸阴阳之道。君为阳，臣为阴；父为阳，子为阴；夫为阳，妻为阴。"继而又运用阴阳学的观点来论证人伦关系的尊卑。"阴者阳之助也，阳者岁之主也……阳者君父是也，故人主南面，以阳为位也。阳贵而阴贱，天之制也。"（《春秋繁露·天辨在人》）阴阳两气，阳气为主，阴气为助，"阳贵阴贱"乃自然法则，故而"君为臣纲，父为子纲，夫为妻纲"之尊卑乃天经地义。

三纲以外还有五常。"夫仁、义、礼、智、信五常之道，王者所当修饬也。五者修饬，故受天之佑，而享鬼神之灵，德施于方外，延及群生也。"五常为落实三纲服务，统治者以五常修身，自上而下以之教化百姓，统治自会稳固。

"三纲五常"定尊卑之位，序上下之分，不仅是人伦之本，更是立法的依据。"父为子纲"是三纲的基础，君父一体，家国相通，行孝方能尽忠："故号为天子者，宜视天如父，事天以孝道也。"（《春秋繁露·深察名号》）违背"父为子纲"的"不孝"罪，被列为"十恶"重罪。而对君主的"孝"则为"忠"："是故君臣之礼，若心之与体，心不可以不坚，君不可以不贤；体不可以不顺，臣不可以不忠。"（《春秋繁露·天地之行》）君主是整个国家的最高权威，其意志即法律，一切均服从君主。自汉以降，以"君为臣纲"为依据制定了许多罪名，如"谋反""谋叛""大逆"等，分列"十恶"重罪的"前三恶"之中，为不赦之罪。董仲舒以伦理指导政治、法律，为维护封建君主专制起到重要作用，因而为当世统治者所崇扬，其学说也成为后世统治者的治国之本。

"阳德阴刑"

　　以"阴阳学说"为理论依据，董仲舒进一步提出了"阳德阴刑"的法律思想。他将"阴""阳"对应"恶"与"善"、"刑"与"德"。"恶之属尽为阴，善之属尽为阳。阳为德，阴为刑……阳行于顺，阴行于逆……阳气暖而阴气寒，阳气予而阴气夺"（《春秋繁露·阳尊阴卑》），"天道之大在阴阳……刑主杀而德主生。是故阳常居大夏，而以生育养长为事；阴常居大冬，而积于空虚不用之处。以此见天之任德不任刑也。"（《对贤良策》一）阴为恶，主刑主杀，阳为善，主德主予，阳行于顺，阴行于逆，因此，为政应当顺天而好德，不应逆天而任刑。

　　然而，阴阳两极均为天道不可或缺的一部分，因此为政在力主恩德的同时，也不能否定刑罚的作用。董仲舒更是将天道"春夏秋冬"的四时与天子"庆赏罚刑"的"四政"对应起来，"天有四时，王有四政……庆为春，赏为夏，罚为秋，刑为冬。庆赏罚刑不可不具也，如春夏秋冬不可不备也。"(《春秋繁露·四时之副》)正如自然的四时交替循环,生生不息,统治的四政"庆赏"与"罚刑"也是缺一不可,恩威并施,阴阳调和,方能长治久安。而德刑之间,仍当以德为主,刑为辅,就好像"阴者阳之助"一样。

"《春秋》决狱"

汉初统治者虽然行宽简之法,但《汉律》基本上是沿袭《秦律》的,而后武帝崇儒,儒家思想不可避免地渗入法律体系,在执法过程中对那些与道德相悖、不合人情之处作适当改造。

董仲舒就提倡"《春秋》决狱",以《春秋》中的思想和具体事例作为审理疑难案件的重要依据。《春秋繁露·竹林》曰:"《春秋》记天下之得失,而见所以然之故,甚幽而明,无传而著,不可不察也。""《春秋》决狱"记载了这样一个案例:甲没有孩子,在路上捡到一个弃儿乙,收养了乙,把他抚养成人,后来乙长大了,犯了杀人罪,把情况告诉了甲,甲把乙藏匿起来了,事发以后,甲应当论何罪?当时的法律是禁止"隐奸不报"的。而董仲舒认为,甲能够收留抚养弃儿成人,虽然不是自己所生的,但要做到这一点是难能可贵的,养子、义子也是儿子,按照《春秋》之义,"父为子隐,直在其中",因此"甲宜匿乙而不当坐"。

董仲舒"《春秋》决狱"的核心原则是"原心定罪",就是根据罪犯的动机来定罪。"《春秋》之听狱也,必本其事而原其志。志邪者不待成,首恶者罪特重,本直者其论轻……罪同异论,其本殊也。"(《春秋繁露·精华》)断案首先要做到的就是"本其事",尽力弄清事实真相,而后"原其志",也就是查明犯罪动机,只要是有犯罪动机,哪怕最后犯罪未遂,对首犯也要予以严惩,如果无犯罪动机,意外酿成犯罪,则应当从轻发落。比如:甲的父亲乙与丙争斗,丙用佩刀刺向乙,甲用杖击打丙的时候，误伤了父亲乙，在这种情况下，甲当论何罪？董仲舒依据《春秋》经义中的案例："许止父病，进药于其父而卒。君子原心，赦而不诛。"结果再坏，动机是好的，就不能判重罪，而案件中的甲是救父心急才误伤父亲的，并不是故意的，动机是好的，所以甲不符合律法中殴打父亲这一条，不能判罪。董仲舒的"《春秋》决狱""原心定罪"既考虑客观事实，又兼顾主观意愿，比法家单纯根据事实判罪的方式更为合情合理。引经决狱的做法，落实了他阳德阴刑、德主刑辅的思想。

董仲舒结合阴阳学说论述德刑，所得出的结论与孔孟"德主刑辅""大德小刑"的法律观基本是一致的。此外，天人思想、阴阳观念在上古三代与春秋战国时期也已萌芽、发展，董仲舒结合时代精神需要，对前代思想作了继承、融合，其贡献主要在于：将"德""刑"纳入"天道""阴阳五行"的体系中，调和了先秦儒家"以德去刑"和法家"以刑去刑"的矛盾，确立了儒家"德治"的核心地位，同时肯定了法家的刑罚作用，将两者纳入神学的范畴，视作天道运行的必然规律，使之理论化、系统化；而"引经决狱"更是标志着将法律儒家化，这对后世中国的律法制度产生了深远的影响，被视作封建伦理法的依据，也成为官方正统法律思想的重要支柱。

公元 581 年，北周静帝禅让帝位于杨坚，北周覆亡。隋文帝杨坚定国号为"隋"，改元开皇，初都长安，开皇三年迁大兴城。589 年，隋文帝南下灭陈朝，统一中国，结束了自西晋末年以来的分裂局面。他在位约二十四载，是历史上公认的有为之主之一，而其作为之中对后世影响最深远的，莫过于订立《开皇律》，使中国古代法制得以定型。

宽大精简的《开皇律》

开皇元年，隋文帝初践帝祚即征召了一批大臣着手制定隋朝法典——《开皇律》。北周宣帝曾经颁布过一部特别严酷的法典《刑经圣制》，造成"内外恐惧，人不自安，皆求苟免，莫有固志"(《周书·宣帝本纪》)的局面，给杨坚留下了深刻的印象，使他引以为戒。因此，《开皇律》主要以较为宽简的北齐律典为蓝本，遵循"法令明审，科条简要"的原则。

我国古代的酷刑名目繁多，鼎镬刀锯，无所不用其极，惨无人道。《开皇律》并没有沿袭"严刑峻法"的旧途。文帝在颁布法典的诏书中指出："绞刑"（用短棍收紧圈绳使罪犯窒息而亡的死刑）和斩首之刑已经是刑罚中的极致了，而"枭首""轘身"，一则是砍下头颅悬挂示众，一则将罪犯"车裂"，除却体现执法者残忍之外，并没有加重对罪犯的实际惩罚，应当废除；另外，"流刑"（流放之刑）中附带的"鞭刑"，"残剥肤体，彻骨侵肌"，甚为酷烈，《开皇律》也一并废除，改为在流放地"居作"（服苦役）两到三年不等，并且把流放的范围缩减为五百里至两千里。《开皇律》还修改了"徒刑""身体刑"（杖刑、笞刑）等条目，共减少死罪八十一条，流罪一百五十四条，徒杖等罪行千余条，只保留五百条律文，最终确立了十二篇法典体例、五刑二十等的刑罚体系。

此外，《开皇律》将《北齐律》的"重罪十条"更名为"十恶之条"："一曰谋反，二曰谋大逆，三曰谋叛，四曰恶逆，五曰不道，六曰大不敬，七曰不孝，八曰不睦，九曰不义，十曰内乱。犯十恶及故杀人狱成者，虽会赦，犹除名。"相对照《北齐律》前四条重罪——"反逆""大逆""叛""降"，《开皇律》改为"谋反""谋大逆""谋叛"三种，这种改动绝非字面改动，我们可以从中看出一种很强的政治倾向，力图通过刑罚把颠覆现政权等行为（侵犯皇权，谋毁宗庙、山陵及宫阙，污蔑皇权，叛变投敌）扼杀于谋划阶段，以此维护、稳固统治者的统治。另外，《开皇律》将违反封建纲常名教的行为——"不敬""不孝""不睦""不义"等列入"十恶不赦"的大罪严厉打击，从某种程度上反映了将法律儒家化的趋势。

宽大精简的《开皇律》所建立的十二篇法典体例、五刑二十等的刑罚体系、"十恶不赦"的重罪原则，是《唐律》订立的蓝本，不仅如此，其法制体系一直为后世法典所沿用，直至清末。

朝令夕改

从《开皇律》的修订与颁布来看，隋文帝应当是一位宽大为怀的明君，因而历史上常常拿隋炀帝杨广的昏庸暴戾与他做对照。但事实不完全如此，隋文帝一方面是主张轻刑简法的仁主明君，另一方面他性格中猜忌、急躁的成分，又常常让他朝令夕改，不按照自己所订之法的规则出牌。

比如，法典公布以后，隋文帝考虑到各级司法官员对法令相对陌生，在有关部门专设解释法律条款的官员：在朝廷大理寺设置"律博士"，在刑部设"明法"，在州县设"律生"。照理说，这是一项提升执法效力的举措。然而，此项条例并没有实施多久便宣告流产，原因是某个县里的"律生"徇私枉法诬陷他人，从这里我们多少可以看出文帝颁布法令的随意性。

文帝甚至还在朝堂上设杖以示威严，官员若有触犯法令，或者言辞有违圣意，会遭廷杖，严重的时候，一天之内会有数位官员遭此"待遇"，有时文帝若觉得"廷杖"不足以惩戒忤逆之臣，甚至会下令将被打的罪臣处死。对此，几位辅政大臣——尚书左仆射高颎、治书侍御史柳彧等人曾数次联名劝谏"朝堂非杀人之所，廷殿非决罚之地"。文帝对此颇不以为然，继续我行我素，朝臣们只能集体下跪请愿："臣等无能，不能有效管理百姓、僚属，致使陛下屈尊责罚他们，因此，望陛下批准我们解甲归田，将位置让给贤明之人。"隋文帝意识到他们的真实用意，他问身边的都督田元："我的杖责很重吗？"田元说："的确如此。"田元向文帝比画说："陛下您的'杖'足有拇指那么粗，打人三十下，相当于一般刑罚的几百下。"而按照《开皇律》，笞杖一般采用小指粗细的荆条，所以文帝的廷杖显然是不合法的。

文帝还常常别出心裁地颁布一些特别法令。当时盗窃，文帝认为盗窃案关乎社会秩序和稳定，因此十分重视，为了能够有效遏制此类案件，他颁布了一条特别法令，对揭发盗窃罪的予以重赏——将强盗的家产没收充公奖励给揭发者。这条法令颁布不久，就有一些无赖之徒妄图借此谋取利益，他们设计在路上放置一些财物，专等那些富人子弟经过拾取，将所谓的"盗窃罪"嫁祸给他们，此类案件层出不穷。但文帝非但不反思此项法令的合理性，甚至颁布了更为严酷的法规"盗一钱以上皆弃市"，若闻见而不告发的，也要连坐处死，这项规定致使民怨四起，有百姓说：一样是死罪，做强盗还不如去造反。无奈之下，隋文帝只能下令撤销此法。

忠于法律的大法官

隋文帝朝有一位名震一时的大法官——赵绰。早在北周时期，赵绰就以其"质直刚毅"为文帝所欣赏，文帝登基后，安排赵绰在司法部门任职，他凭借其出众的才能和品行一路得到擢拔升迁，从大理丞升至刑部侍郎。身为法官，他不仅忠于皇帝，更忠于法律，即使是质疑文帝执行法典的合理性，触人主之"逆鳞"，而押赴刑场，仍然坚守法典不肯妥协。

据史载，刑部侍郎辛亶或出于迷信，在上朝时候穿了条红裤子，这种着装方式最多被视作不合时宜，然而，隋文帝发现以后，认定这个辛亶搞巫术，妄图谋害人主，下令立刻处死。这时，身为大理寺少卿的赵绰搬出了法律，认为辛亶罪不至死。他的做法使文帝多少有些下不来台，因而激怒了文帝，文帝对赵绰说："你是不是爱惜辛亶之才而不懂得自爱？"当即下令把赵绰处死，赵绰还是不依不饶："陛下不可杀辛亶。"就这样赵绰被押送到法场上，隋文帝想着这样他终归能妥协，就派人来问赵绰："你还想为辛亶辩护吗？"谁知赵绰还是不改初衷："执法一心，不惜性命。"文帝更生气了，一甩袖子去了后宫，然而他毕竟是爱才之人，不久便传令放了赵绰。

赵绰就是这样一块难啃的"硬骨头"，作为执法者他始终如一奉行法典，即使对想要算计他的政敌亦如是。有个叫来旷的小官与赵绰有龃龉，就向隋文帝揭发赵绰办案过宽，"滥免徒囚"。这项罪名非常严重，因此隋文帝派亲信调查此案，发现情况并不属实，文帝大怒，当即决定处死诬告者来旷，但赵绰反而用法典替来旷辩护，称他罪不至死，文帝怒气难平坚持要杀来旷，赵绰说："皇上不如惩办微臣吧，如果来旷犯死罪，那么微臣也难辞其咎，其一，身为大理寺少卿，管教下属不当，触怒皇上；其二，罪犯没犯死罪却被处死，也是失职……"隋文帝听了赵绰的话，气消了大半，免了来旷死罪，改为流刑，还赐赵绰御酒两杯，酒喝完了，两个金杯也一同赐给了他。

隋文帝是一位力推宽简之法的立法者，也是一位朝令夕改的坏法者，从他身上，我们能看到人主独断专行的残暴，也能感受到惜才爱才的圣明。然而，宽简的《开皇律》很大程度上是为了争取世家大族、黎民百姓对于新建王朝的支持，终究是装点门面的摆设、笼络人心的工具，至于如何执行、如何贯彻，恐怕在最高统治者隋文帝看来并没有深思熟虑的必要。

隋是一个短命的朝代，享国仅三十八载，晚年的隋文帝朝令夕改，再加上隋炀帝横征暴敛，肆意践踏律法，重蹈秦二世而亡的覆辙。鉴于隋暴亡的教训，初唐统治者不仅注重立法宽简、恤刑慎杀，而且自上而下坚持践行法典。

恤刑慎杀

唐高祖李渊于武德七年（624 年）颁布了首部法典《武德律》，这部法典基本上沿袭了隋朝的《开皇律》，以宽大精简为特色。

唐太宗即位后，授命长孙无忌、房玄龄等复定旧令，制定新法，新的法典大体上朝着更为宽简的方向发展，新律修订前后长达十一年，史称《贞观律》。唐太宗以为："刑典仍用，盖风化未洽之咎。愚人何罪，而肆重刑乎？更彰朕之不德也。用刑之道，当审事理之轻重，然后加之以刑罚。何有不察其本而一概加诛，非所以恤刑重人命也……"（《旧唐书·刑法志》）唐太宗的立法执法很大程度上体现出"民本"主义思想，珍视人的生命。相较《武德律》，新律呈现出恤刑慎杀的特点，废除了大量死罪的条例，先是将隶属"绞刑"的五十条死罪改为"断右趾"（砍去右脚的前脚掌）的"肉刑"，其后太宗审定新律时认为此法仍过于残酷，于是干脆废除了"断右趾"的肉刑，将之改为"加流役"，将罪犯流放至三千里以外，服苦役三年。

关于死刑的判定和执行，《贞观律》设有"死刑复奏"制度。京师地区的死刑案件必须两天内连续报奏五次，京师地区以外的死刑案件必须重复报奏三次，方可执行。执行当天，各机关不奏乐以示整肃。这一"死刑复奏"制度是由一起案件催生的。公元 631 年的一天，唐太宗接到奏报：城中有个名叫李好德的人装神弄鬼，妄议朝政，诋毁圣明。当时，妄议朝政是死罪，唐太宗当即下令逮捕李好德，彻查此案。时任大理寺丞的张蕴古在审理案件时发现，这个李好德喜怒无常，言语错乱，可能患有精神分裂症，疯子的疯言疯语并不能影响民意，太宗下令赦免了李好德的死罪。而负责复核、监察案件的监察御史权万纪认为此案蹊跷：张蕴古的籍贯在相州，而李好德的哥哥恰好时任相州刺史，也就是张蕴古在审理案件时存有蓄意包庇之嫌。唐太宗闻之震怒，立即下令将张蕴古斩首示众，曝尸街头。然而，没过几天，唐太宗就感到后悔了。张蕴古何许人也？据《旧唐书》载，他生性机敏、博闻强识，史料称他有"背碑覆局"的能力，即一字不差地背诵碑文，将打乱的棋局恢复原貌，他曾进献一篇《大宝箴》而受太宗赏识，由名不见经传的地方小官擢拔为执掌全国刑狱的大理寺丞。太宗对此等人才的陨落深感痛惜，在处决张蕴古之前，甚至连申辩的机会都没有给他，于是下令此后死刑必须复奏，以减少冤案的发生，"死刑复奏"制度由此实行。

有关唐太宗恤刑慎杀的记载还有"录囚"一事。据《新唐书·刑法志》载，贞观六年，太宗"亲囚录徒，闵死罪者三百九十人，纵之还家，期以明年秋即刑；及期，囚皆诣朝堂，无后者，太宗嘉其诚信，悉原之”。放归死囚与家人团聚，相约来年回来受刑，如此人性化的政策背后是以执政者强大的自信和底气为支撑的。

德礼为本，刑罚为用

唐太宗病逝后，高宗以《武德律》和《贞观律》为基础，命太尉长孙无忌、左仆射于志宁等人负责修订律法，编成《永徽律》十二篇。鉴于“律学未有定疏，每年所举明法，遂无凭准”的情况，下诏“广召解律人条义疏奏闻”，对律文进行逐句逐条的注疏，阐释其法律精神，称为“律疏”。该律疏于永徽四年颁行，附于律法正文之后，与律文具有同等效力，疏与律合在一起统称《永徽律疏》，又名《唐律疏议》。《唐律疏议》首篇《名例》称：“今之典宪，前圣规模，章程靡失，鸿纤备举，而刑宪之司执行殊异”，“不有解释，触涂睽误”。其中道出了立法与执法过程中存在的困境，一部法典，同一条例，各地司法部门的执行方式却迥然相异。因此，“疏议”作为对法律条款的解释是十分必要的，能够成为司法官员在断案折狱过程中的重要凭借，这种“律疏并行”的方式，对后世以及周边国家的律法形式产生了深远的影响。

《唐律疏议》在序言中对唐代律法建立的思想根基做了如下解释：“夫三才肇位，万象斯分。禀气含灵，人为称首。莫不凭黎元而树司宰，因政教而施刑法。……刑罚不可弛于国，笞捶不得废于家。时遇浇淳，用有众寡。……德礼为政教之本，刑罚为政教之用，犹昏晓阳秋相须而成者也。”大体意思是：人类是万物之灵长，但人性良莠不齐，因此会有败坏国家法度、扰乱天地秩序的事情发生，故而需要法律和制度来施政立威，然而“刑罚”仅为政教之“用”，“德礼”方是政教之“本”。我们从此段表述中可以看到《唐律疏议》建立的基础——“德刑相辅”，其源头可以追溯至先秦儒家的法律思想。

奉法笃行

　　法律制度是否完备，很大程度上取决于执行者是否能依法行事。皇帝无疑是国家的最高执法者，其权力往往凌驾于法律之上，然而若是帝王能够自觉地以法律约束自身权力，那么，法律将更具有实效。我们不妨看看初唐时期几位皇帝的做法。

　　据宋代郑克所著《折狱龟鉴》记载：唐高祖李渊时，开国元老李靖为岐州刺史，因为功高盖主，所以李渊对他有所猜疑。下面有一个人迎合李渊的意思，告发李靖谋反。这可是"十恶"中最重的罪。唐高祖派一个御史去核查，他对御史说："如果李靖谋反之事属实，就治他罪。"御史知道这是个冤案，他就让告发的人和自己同行。走了几个驿站，御史假装把那个状纸弄丢了，装出一副惊慌失措的样子，鞭打随行的管档案的小官。于是他假装哀求告状的人："李靖谋反的罪证很明显，我亲奉圣旨办事，现在把状纸搞丢了，希望你救我一命。"告状者信以为真，就再写一张状纸给了御史。御史验证了这一张状纸，和原来的讲的不一样。因为是随便罗织的罪名，所以前后有出入。他立即回京告知高祖实际情况。高祖大惊，知道是有人诬告李靖。结果当然是李靖无罪，诬告人者被诛。李渊虽然想除掉李靖，但是也要有合适的罪名，要坐实这个罪名才能定罪，不像后世要除掉一个功臣，随便罗织一个罪名，正所谓"欲加之罪，何患无辞"。总的来说，一个王朝在开国时期，多数皇帝头脑比较清醒，他们为了自己的统治也不会恣意妄为。

　　唐太宗李世民在奉法方面也是做得比较好的。据《资治通鉴·唐纪》记载，贞观年间，濮州刺史庞相寿依仗自己和唐太宗的特殊关系在任上贪污，犯了"受财枉法"罪，被解职。他自己为自己辩护时说："我曾经在秦王（李世民未登基时被李渊封为秦王）幕府做过事。"李世民想网开一面，魏征上谏说："秦王的近臣，朝廷内外有很多，假如个个都这样依仗皇帝关系贪污，恐怕会使做善事的人寒心。"李世民欣然接受魏征的意见，对庞相寿说："我当年做秦王，是一府之主，现在是皇帝了，不能够对私人讲交情而不讲法律。执法大臣要这样做，我也不敢违背。"

《旧唐书·戴胄传》记载着戴胄犯颜执法的故事。贞观元年，戴胄因为忠清公正廉明，被任命为大理少卿。他为人敢于直谏，执法平允。当时因为李世民做皇帝不久，有些候选的官吏假冒先世有功勋而得官。李世民下令这些人要自首，否则一经查出要被处死。不久以后，有一个假冒者被发觉了。李世民大怒，要杀掉他。戴胄说："根据法律应该判流放。"李世民说："你要讲究守法，难道要我讲话不算话？"戴胄说："皇上下诏书是出于一时的喜怒，法是国家颁布的取信于民的工具。陛下因为对假冒者气愤所以要杀掉他们。现在既然已经知道假冒是违法的，再依法明断是非曲直，这是忍小忿而保持大的信誉。"李世民听从戴胄的话，说："你能够如此公正执法，我还有什么可担忧的？"还有一次，大臣长孙无忌应召上殿，按照法律要解下身上的佩刀，结果他没有解直接进到了宫殿里。当时的宰相封德彝上奏认为看门的校尉失职，罪当死。而长孙无忌可以用钱来赎罪。戴胄说："长孙无忌的罪与校尉是相同的。臣子对于君父不礼貌时，不可以称'误'。法律规定：皇上用的汤、饮食、舟船，因为有误，按法律都要判死罪。陛下既然念及长孙无忌的功劳，直接赦免他就可以了。但是如果把这件事交给执法机构，赦免长孙无忌却要杀校尉，这不符合法律。"李世民说："法律是天下公平的东西，我怎么可以袒护亲戚？"他把这件事交给下面人再议。封德彝坚持自己的观点，戴胄再一次驳斥他们："校尉是因为长孙无忌而致罪，按法罪应该轻，如按失误，则是大家相同，不应该独死。"结果是两个人都被赦免了。

法家的理想人

然而，法律本质上还是为了维护皇权，保障统治阶级的权益，《唐律》中"八议"的规定，即议亲、议故、议贤、议能、议功、议贵、议勤、议宾，这八类人无非是皇亲国戚、官僚权臣，从而议之，依法享有免刑、减刑、抵罪的特权。而即使圣明如唐太宗，执法时也难免会有法外开恩的情况。《旧唐书·长孙顺德传》记载：长孙皇后的叔叔——长孙顺德纵容其家奴收受贿赂，此事被人揭发出来，但是唐太宗只是一笑置之，非但没有给他治罪，反而赏赐他几十匹绢，当时大理寺少卿胡演感到不解，太宗解释说："人生性敏感，让他得绢的惩戒作用会超过对他处以刑罚的；如果他再不知羞愧，那就是一只禽兽而已，杀了他，又有什么作用呢？"

　　无论如何，唐高祖、唐太宗能恤刑慎杀、宽简立法，又基本能做到以身作则、奉法笃行，在封建统治、皇权至上的时代着实不易。

宋太祖赵匡胤（927 年—976 年），是北宋的开国之君，也是乱世造就的英雄。他原本是后周的禁军统领，在陈桥发动兵变，黄袍加身，鉴于自己取得政权的方式，他治国特点是"重文轻武"，又鉴于五代诸侯割据之乱，他采取了"事为之防，曲为之制"的治国原则，施政以预防、安稳为上。建隆四年（963 年，同年改年号乾德），宋太祖颁布了宋代第一部法典《重详定刑统》，简称《宋刑统》，在后周《显德刑统》基础上加以删削增减而成，保留了几乎全部的唐律条文及其疏律，其法制也延续了唐律宽简的特点，太祖一朝的宽简之法在很大程度上体现于其"不滥杀"的宽政之中。

杯酒释兵权

赵匡胤在做皇帝以后，为了加强皇权，做了许多历代皇帝都没有做过的"创举"，杯酒释兵权是最有名的一件事。石守信、王审琦等都是赵匡胤的老朋友，在"黄袍加身"事件中起到举足轻重的作用，北宋建立后，他们也都平步青云，掌管禁军，手握重权，功臣的身份再加上武臣的权力，使他们逐渐骄横起来。赵匡胤以"兵变"形式夺取政权，当然也畏惧这些权臣步自己的后尘。

在一次晚朝之后，太祖把石守信等手握兵权的武臣留下喝酒，酒过三巡，太祖举杯敬诸位功臣："诸位爱卿，要不是有你们，我哪有今天！你们的恩德朕永志不忘！""哪里哪里！""都是托陛下的鸿福！"正当气氛热烈之时，太祖话锋一转："当天子的滋味实在不好受，还不如当节度使快活！"当众臣疑惑不解之际，太祖提高嗓音说："天子不好当啊，这个位子谁不想要呀！"气氛立刻冷却下来，众臣战战兢兢地表示绝无异心，太祖不依不饶："纵使众爱卿忠心于朕，若你们的下属有异心，也来一场'黄袍加身'怎么办呢？"众将明白这场宴席是一场鸿门宴，在众将惶惶不安之际，太祖为他们指出了一条生路，放弃兵权，购置良田美宅，收罗歌姬舞女，以终天年。第二天一早，那些武臣纷纷称病请辞。太祖一一准许，让他们任一些闲职，但爵位俸禄分毫不差，另外赏赐许多金银。一般在朝代建立之初，难免发生"狡兔死，走狗烹"的惨剧，汉高祖刘邦曾大开杀戒，剪除了大量功臣，而宋太祖以一种较为缓和的方式解决了这个问题，没有流血冲突，功臣得以善终，子孙可享富贵，体现了较为宽厚的政治风气。

杯酒释兵权只是宋太祖将权力收于中央的一个方面，他还改革了体制，分散文臣权力，并设置了转运使、通判等职，分散地方权力。在建隆三年（962年）三月，太祖为了改变"五代诸侯跋扈，多枉法杀人，朝廷置而不问，刑部之职几废"的状况，下令将司法权收归朝廷：诸州从今年起，凡判死刑的案子，要上报朝廷记录在案，要由刑部详细复核。同年十二月，又重新设立县尉之职，让其负责法律方面的事。在此之前，先委任诸"镇将"（地方军事头目），再诏令由县令和县尉负责司法之事。

这一件事，在宋代法制史上是很重要的。因为五代以来，节度使经常派遣自己的亲信为镇将，与县令分庭抗礼，营私舞弊，干扰法制。赵匡胤的这个决定，改变了镇将由节度使任命的局面，使之置于县官统辖之下。这样一来，不仅限制了地方武装的权力，解除了藩镇的威胁，加强了中央集权，还对维护地方治安和法律起到了重要作用。

使相署敕

赵匡胤的又一"创举"乃"使相署敕"。建宋之初，为了政权的平稳过渡，对后周的官员一律留用，尤其对后周大臣范质、王溥、魏仁浦等人。一旦局势稳定了，为了加强皇权，宋太祖就采取了一系列措施以重用自己的心腹，将前朝旧臣取而代之，与杯酒释兵权一样，宋太祖一朝行政权力的交接同样采取相对缓和的方式，没有杀戮，没有流血。例如，汉唐时代宰相议政是"坐而论道"的，到了赵匡胤时，他把这个规矩废掉了，宰相平常上朝要立班，从宰相范质开始。这是为了打击旧相范质等人，以树立自己的威望，同时也想让范质自己辞去宰相职位，用自己的心腹赵普。后来范质等明白了，三人一起递交辞呈，这正中太祖下怀，当即批准了三人的辞呈。

但是行伍出身的赵匡胤对任命宰相的一套程序并不了解。过去任命新宰相需要在任宰相"署敕"的，而所谓的"敕"，是指皇帝所发布的命令，虽说敕令是皇帝的意志，但是也必须走一定的流程才合法，先要有公卿进敕，经皇帝认可，再由相关部门的相关人员"署敕"，敕令才有效。但是赵匡胤在同一天罢免了三个宰相，宰相之位空缺了，这样就出现了历史上少见的，在颁布任命新宰相赵普的敕书时，竟然没有在任宰相"署敕"的怪现象。赵匡胤想，不就颁个"敕"任命宰相，用得着那么复杂吗？于是问赵普："你只管进敕，我来署敕，可以吗？"赵普认为不合任命宰相的程序，登上相位也不合法，否定了太祖的这个建议。后来翰林学士窦仪想出办法，改由当时"使相"（任节度使加平章事）的赵光义来行使宰相的"署敕"权，这就是赵匡胤的"创新"。他后来还用这个办法设立了"副相"这个职位，以分宰相之权，而在隋唐五代是没有副宰相这个职位的。

使相署敕从另一个侧面反映了规矩是人定出来的，法律也是人定出来的，虽说法律应是"人君所与天下共者"，但说到底还是为人君统治服务的工具，人君立法，虽当符合一定程序，但这只是形式的公平，法律的背后常常是天子的意志。"敕令"就是将天子意志法律化的重要方式之一，宋代皇帝十分重视"敕令"的整理、修撰，分门别类汇编为"编敕"，将天子所立法令体系化。

家庙勒石

宋太祖的创举除了"杯酒释兵权""使相署敕"，最有名的一件就是在家庙里立碑刻石，这一行为在很大程度上体现了他的宽政。王夫之《宋论》卷一云："太祖勒石，锁置殿中，使嗣君即位，入而跪读。其戒有三：一、保全柴氏子孙；二、不杀士大夫；三、不加农田之赋。呜呼！若此三者，不谓之盛德也不能。"从表面上看，这不是正式的立法，但是在封建社会，皇帝之言就是法律，何况它还是以庄严的勒石形式出现的。

宋太祖这三条对整个宋代影响很大。柴荣是后周第二代皇帝，是赵匡胤的老上司，治国、治军都有能力，被称为五代那个混乱年代少有的明君。据说，《水浒传》里那位"小旋风"柴进就是柴荣的子孙。赵匡胤的天下就是从柴荣儿子柴宗训手中夺来的，柴荣的后代自然要照顾。

而三条中影响最大的是第二条。柴家子孙，再怎么样，总是少数人；而第三条不增加农民负担，这是历代统治者都要宣传的，至于能不能做到，是另一回事了，唯有"不杀士大夫"这一条，终宋之世有影响，这个影响有好有坏。看看清代学者王夫之是怎么评论的：从坏的方面，王夫之说："自太祖勒不杀士大夫之誓以诏子孙，终宋之世，文臣无欧刀之辟。张邦昌躬篡，而止于自裁；蔡京、贾似道陷国危亡，皆保首领于贬所。"（《宋论》卷一）张邦昌是有名的卖国贼，宋钦宗时，金兵犯汴京，他和康王赵构被作为人质带到金，他割地求和，且拜金主墓。1127年金人攻入京城，是为"靖康之变"，他被金人册封为"大楚"皇帝，后来宋高宗即位，宰相李纲上书极论其罪，高宗仍然不治他罪，直到后来他僭立时秽乱宫廷事被人揭发，才被赐死。至于蔡京、贾似道都是有名的祸国殃民的奸臣，却都没有被杀。这就是宋太祖所谓"不杀士大夫"祖训造成的结果。但是，从好的一面看，这一条保护了读书人。宋神宗时苏东坡因"乌台诗案"被关进监狱，连皇后都替他求情，政敌王安石也出来说话："岂有圣世而杀才士者乎？"从历史上看，汉、唐和后来的元、明、清三代，从来没有一个朝代的读书人有宋朝那样的待遇。

与其他朝代不同，整个有宋一代重文轻武，行不滥杀的宽政，这与宋太祖赵匡胤的个人经历有关。他是一介武夫，陈桥兵变黄袍加身，为了防止别人"以其人之道，还治其人之身"，所以要杯酒释兵权，他看到了五代混乱局面大多由拥兵自重的军阀造成，所以重文轻武。其不滥杀功臣、前朝旧臣和文人的宽政，往往为后世称道，然而，也有人认为，与"宽政"相连带，太祖为了以"缓和"的方式分散文武官员的权力，设置了大量闲职，"冗员""冗兵"因此与日俱增，官僚体系庞大臃肿，造成了百姓沉重的赋税负担，也使宋王朝陷入对内、对外"积贫、积弱"的局势之中。

本章小结

自汉代以来，历朝在建国之初大多行宽大精简之法。汉初统治者取法黄老清静无为的思想，约法省刑；隋初文帝颁布的《开皇律》，唐初高祖、太宗修订的《武德律》《贞观律》，宋初太祖颁行的《宋刑统》，均致力于轻减刑罚，且统治者大多奉法笃行。主要原因有二：其一，经过连年的征战，海内一统，百废待兴，国家面临的主要问题在于如何发展生产，使百姓安居乐业；其二，天下甫定，统治者想要巩固政权，单纯靠法家的刚性手段恐怕会适得其反，秦的覆亡就是前车之鉴。因此，不少统治者汲取儒家的智慧，以德去刑，德刑相济，以怀柔之术赢得民心，"儒法合一"由此成为历代统治者修法的重要凭借。而汉初大儒董仲舒所做的最大贡献在于：以纲常伦纪为内核，将"德""刑"纳入"天道""五行"的体系，他建立的伦理法成为后世官方正统法律思想的模板。

六 严刑峻法

李斯的以法为教与深督轻罪

李斯（前208年—前153年），战国末期楚国上蔡人，是秦始皇一统天下的股肱之臣，也是秦王朝的丞相，他参与了秦朝各项制度的建立，并襄助秦始皇统一车轨、文字、度量衡；他曾是大儒荀子的学生，却是法家的忠实信徒，秦朝实行严刑峻法与他的政治主张有极大的关系。

老鼠哲学

李斯原是楚国北部上蔡的一介布衣，家境清寒，他的出身再普通不过了。他年轻时信奉"知识改变命运"，因此很用功地读书，长大后，在郡里谋得一个小吏的职位，主要任务是管理仓库，品级低微，没有什么实际权力。后来，有一件事改变了李斯的人生观。有一天，他上厕所时看到厕中老鼠在食不洁之物，每每有人走来，就惊惶而逃，而当李斯走进粮仓时，看到仓中老鼠住在大屋之下，吃着粟米，丝毫不担心外在的惊扰，于是李斯慨叹说："一个人贤能或是无能，就如同这老鼠一样，取决于他所处的环境啊！"

这以后，李斯师从荀子，学习"帝王之术"。荀子虽是当世名儒，但实际上对法家的治国之策很有研究，因此在荀子那里，李斯汲取的更多的是法家思想，这为他日后执政的策略奠定了基础。学业已成，李斯估计六国早已是强弩之末，秦国国势日强，才是建功立业之所，决定西行至秦。临行前，他向老师荀子辞行，说了这样一番话："弟子听闻：一个人若遇到机会，千万得紧紧抓住，不容错失。如今秦王野心勃勃，想吞并六国，君临天下，这正是平民出身的士人施展抱负的黄金时期。出身地位卑贱并不可悲，可悲的是出身低微却不想着去求取功名、改变命运，因此，弟子要到西方去游说秦王了。"这番话折射出李斯的功利主义人生哲学。

李斯来到秦国后，先投至秦相国吕不韦麾下，后得到游说秦王的机会，他深谙秦王心理，向秦王纵论局势："从前秦穆公虽称霸天下，但最终没有东进吞并山东六国，这是什么原因呢？原因在于诸侯的人数还多，周朝的德望也没有衰落。自孝公以来，周朝卑弱衰微，诸侯互相兼并，秦国乘胜奴役诸侯已经六代。以秦国的强大，大王的贤明，足以扫平诸侯，成就帝业，这是万世难逢的最好时机。"这番话正中秦王下怀，当即任命李斯为长史，李斯自此改变了人生际遇，开始了他所向往的"仓中之鼠"的生活。此后，他在秦始皇一统天下的霸业中扮演着重要的角色，十余年间平步青云，位列三公。

海内为郡县，法令由一统

公元前221年，秦灭六国，实现统一，大一统王朝面临的主要问题是使这片长期以来四分五裂的多民族、多习俗的多元文化的国土真正实现统一，因此采取强有力的政治手段来稳固政权显得尤为重要。身为皇帝，秦始皇更是"躬操文墨，昼断狱，夜理书"，将一切权力都统一于一身。不仅如此，他还统一度量衡，实现"车同轨，书同文"……由此结束春秋战国以来"田畴异亩，车涂异轨，律令异法，衣冠异制，言语异声，文字异形"的纷乱现象。

尤其值得一提的是，秦始皇笃信法家思想，统一后的第一件事就是制定律法制度，从而实现"法令由一统"的政治目的。他认为："古之五帝三王，知教不同，法度不明，假威鬼神，以欺远方，实不称名，故不久长。其身未殁，诸侯倍叛，法令不行。"（《史记·秦始皇本纪》）在他的眼里三皇五帝的统治均"法度不明"，"法令不行"，故而行之不远，他鉴于前代统治的经验和教训，延续秦朝历代统治者"以法为本"的政策，确立了"事皆决于法"的原则。在此种政策的指引下，秦朝制定了一整套严酷细密的律法体系，汉代桓宽在《盐铁论》中评价秦法"繁于秋荼，而网密于凝脂"，足见其繁复严密。

秦始皇强调法律的作用，更看重皇帝制定和行使法律的权力，因此须建立完备的政治体制，确立、稳固天子的权力，在此过程中李斯是他最得力的助手。统一之初，讨论采取何种政治体制时，秦廷内部曾产生过严重的分歧，以丞相王绾为守的保守派主张沿用西周的分封制，请立诸位王子以守卫六国旧地，然而这一建议遭到李斯的强烈反对，李斯认为分封裂土是导致周室衰微的重要原因。"周文武所封子弟同姓甚众，然后属疏远，相攻击如仇雠，诸侯更相诛伐，周天子弗能禁止。今海内赖陛下神灵一统，皆为郡县，诸子功臣以公赋税重赏赐之，甚足易制。天下无异意，则安宁之术也，置诸侯不便。"（《史记·秦始皇本纪》）为彻底消除诸侯势力扩张、继而相互杀伐的隐患，不如采取郡县制，所属郡县均由中央直接管理。秦始皇受法家"事在四方，要在中央；圣人执要，四方来效"的中央集权思想影响甚深，李斯的话道出了他的心声，他自然而然地采纳了李斯的建议，将全国划分为三十六个郡，郡下设县，在君主之下设立三公九卿的官僚体制，而上至三公九卿、下到地方各级官吏的任免权都由皇帝直接掌控。

同时，他又规定了皇帝的"印"为"玺"，"命"为"制"，"令"为"诏"，象征着至高无上的权力，具有最高的法律效力，也意味着"朕即法律"，所谓的法律，是针对臣民的，皇帝是颁法者、施法者，是唯一不受法律控制的人。至此，刚刚统一的帝国，在李斯的协助下，初步建立了"海内为郡县，法令由一统"的中央集权制度。

以法为教

"法令由一统"是一方面，要实现高度的君主专制，思想的统一也不容忽视。春秋战国"诸侯并争，厚招游学"，不同学派就如何治国各抒己见，为诸侯称霸出谋划策，出现了"百家争鸣"的局面。统一之初，此种风气仍然延续下来。思想多元与推行中央集权、君主专制格格不入，政治的统一需要思想的统一为基础。秦始皇和李斯都意识到了这个问题，在等待合适的时机解决。

公元前 213 年，博士淳于越再次向秦始皇谏言行分封制，他说："今陛下有海内，而子弟为匹夫，卒有田常、六卿之臣，无辅拂，何以相救哉？事不师古而能长久者，非所闻也。"李斯当即反驳，然而他的驳斥并非就事论事，而是就其一点，扩及其余，他认为不能长治久安的根本原因不在制度而在思想文化的不统一。"古者天下散乱，莫之能一，是以诸侯并作，语皆道古以害今，饰虚言以乱实，人善其所私学，以非上所建立。今皇帝并有天下，别黑白而定一尊。"（《史记·秦始皇本纪》）而今"诸生不师今而学古，以非当世，惑乱黔首"，这种形势不加以遏制便会造成社会动乱，他向秦始皇提出了"焚书"的建议，除却医药、卜筮以及一些关于种植、技术等方面的书籍外，其他《诗》、《书》、百家之言限三十日内交官府焚烧，严禁私学，有敢继续谈论《诗》、《书》者弃市，

"以古非今者族。吏见知不举者与同罪"。焚毁百家之言后，天下士人若欲有学，则学法令，"以法为教"，"以吏为师"，学习政府公布的法律和律令。秦始皇顺势采纳了李斯的建议，颁布了"焚书令"。实行焚书令的第二年，秦始皇把非议其法令的方士、儒生四百六十余人悉数活埋，是为历史上著名的"焚书坑儒"。

思想的高度统一加速了中央集权、君主专制的进程，然而，那是建立在高压、残酷的律法统治之上的，也是以牺牲多元、丰富的思想为代价的。

深督轻罪

我们知道李斯早年师从荀子，荀子思想亦儒亦法，而李斯对老师的思想进行了扬弃，在他身上看不到任何儒学的影子，全然是一副法家的面貌。在帮助秦始皇吞并诸侯、建立制度、统一思想之后，他最大的功劳恐怕在于辅助秦始皇贯彻践行法家思想，用严刑峻法来统治天下。

在李斯看来，维护君主"身尊而势重"的绝对地位必须奉行重刑主义，所谓"慈母有败子，而严家无格虏"，对子民的管教就好比家教，子民的不仁不孝都是统治者不严加管教的结果，这点倒和他的同门韩非子英雄所见略同。而在执法形式上，他极为推崇商君之法："商君之法，刑弃灰于道者。"弃灰只是薄罪，受刑则是重罚也，对弃灰之罪予以重刑，这就是"深督轻罪"，对轻罪尚且能深督，更何况是重罪呢？在这样的"严刑"之下，试问百姓怎敢以身试法！而"深督轻罪"古往今来只有明主才能做到，自然能保证国家的"长治久安"。

"深督轻罪"不仅作用于普通民众，也适用于王公大臣，他建议秦始皇"灭仁义之涂，掩驰说之口"，"明申、韩之术，而修商君之法"，以严厉的家长的姿态监视臣下的一举一动，这样大臣们就不敢不"竭能以徇其主"，而臣子们的忠诚守法，也会自上而下地影响到天下百姓的行为。

李斯严酷的"督责之术"有效地完善了秦朝的监察制度，他对一切危害君主统治的行为严惩不贷的主张，深得秦始皇之心。在众多臣子中，秦始皇最器重信任的莫过于李斯，李斯在统一后不久就荣登相位，不仅如此，他的家族还与皇室缔结姻亲。据史书记载，他的儿子们娶的都是皇家的公主，他的女儿们嫁的都是皇家的公子，其长子李由回咸阳述职时，李斯大宴宾客，文武百官前来祝贺，家门前停的车马数以千计，李斯感慨万千，自己乃楚国的一介布衣，被秦始皇擢拔至此，可谓富贵至极。他凭借着努力，改变了命运，成功地验证了功利主义的人生哲学，然而他的感慨中也有着一丝"物极则衰"的隐忧。

也正是他对功利的热衷，使他在秦始皇驾崩之后，与赵高联手矫诏逼死正直仁厚的长公子扶苏，立胡亥为嗣君，此后又曲意逢迎新君，助长秦二世施滥刑重法，致使"刑者相半于道，而死人日成积于市"，法令诛罚日益刻深，群臣人人自危。然而李斯终究还是不能见容于秦二世和赵高，结果被冠以莫须有的"谋反"的罪名，落得个夷三族、具五刑并腰斩的下场。他与儿子一起赴刑的那天，他对儿子说："还记得我们当年一起牵着黄犬，在老家上蔡东门打猎的时候吗？这样的日子一去不复返了！"他的结局与商鞅竟是如此地相似，最终都是死于自己亲手建立的严刑峻法！

李斯是一个毁誉参半的历史人物，有人说他为秦的统一立下了汗马功劳，有人说他襄助秦始皇建立"海内为郡县，法令由一统"的专制制度，也有人认为，秦朝行严刑酷法，终至天下怨叛，二世而亡，有李斯的一份"功劳"。事实上，李斯"以法为教""深督轻罪"等政治主张与他功利主义的人生哲学完全契合。而这段历史告诉我们：无论是人生选择，还是治理国家，如果纯粹地讲究功利、实效而不加以调和，是行之不远的，李斯对法律的迷信和秦朝的二世而亡给予后世统治者尤其是开国之君以警醒，让他们以史为鉴，以避免重蹈秦二世而亡的覆辙。

汉武帝与他的酷吏政治

汉武帝刘彻（前 156 年—前 87 年），他在位时间很长，有半个世纪之久。与祖父汉文帝、父亲汉景帝不同，刘彻不甘于"无为"，弱冠之年即践帝祚，年少气盛的他立志成为一位有为之君。武帝即位的时候，大汉已立国六十余载，父辈"清静无为""与民休息"的政策，使社会生产、经济大幅提升。据史载，当时国库里铜钱堆积如山，钱眼里面丝绳也都腐朽了，粮食更是不计其数，不少粮食因陈陈相因而无法食用。可以说，前代帝王的"无为"为武帝的"大有作为"打下了坚实的基础。

独尊儒术

武帝即位的第六年，他的祖母——信奉黄老之学的窦太后去世，这一年汉武帝亲政，再也没有人凌驾于天子之上，阻挡他成为有为之主了。而他掌握权力以后在政策上作了几项重大调整：其一，对外改变对匈奴的和亲政策，逐渐采取攻势；其二，对内以儒家学说来取代"黄老"思想的主导地位，也就是历史上著名的"罢黜百家，独尊儒术"的政策。

在"独尊儒术"政策的背后，不单单是汉武帝个人的思想信仰，更重要的是当时的政治环境。汉初大封同姓诸侯，再加上宽简的制度，诸侯占地千里，连城数十，骄横无礼，僭越职分。汉景帝时，晁错力主"削藩"，结果爆发吴楚"七国之乱"，尽管最后景帝平定了叛乱，但是地方诸侯的势力仍然不可小觑。因而，对初登帝位的武帝而言，强化君权成为当务之急，武帝采取了一系列措施加强君主权力，比如接受主父偃的建议行"推恩令"来削弱、分散诸侯的势力。

要建立中央集权、君主专制，除了政治制度，还应当有与之相适应的文化制度作为支撑。当世大儒董仲舒在《对贤良策》中提出："今师异道，人异论，百家殊方，指意不同，是以上亡以持一统，法制数变，下不知所守。"而儒家思想恰好能满足权力"一统于天子"的愿望。董仲舒早年潜心于儒家经典研究，他认为："《春秋》大一统者，天地之常经，古今之通谊也。"(《对贤良策》)《春秋》主张讨伐"乱臣贼子"，恢复《周礼》推崇的社会等级秩序，反映了尊王攘夷、尊君卑臣的观念，是大一统的中央集权制度的最有力的理论依据，同时丞相卫绾等也上奏摒除"申、商、韩非、苏秦、张仪之言"，武帝接受了他们的建议，将儒学定为官学，设置五经博士，大力擢拔儒生，比如公孙弘就是凭借《公羊春秋》学说拜相封侯的，自此，"公卿大夫士吏，彬彬多文学之士"。

外儒内法

然而，汉武帝表面上独尊儒术，骨子里信奉的是法家思想，儒学只是实现权力"一统于天子"的工具，我们可以从武帝所用之人身上看出其"外儒内法"的实质。以汉武一朝的传奇人物公孙弘为例，他因儒学见用，言行敦厚，生活节俭，位列三公，夜寝布被，食不重肉，妾不衣丝，全然一副上古先贤的形象。但事实上，这些只是表象，他深谙"文法吏事"，为人又极为圆滑狡诈。在司马迁的《史记》中，这位令天下学士"靡然乡风"的大儒多是以一副曲意逢迎、苟合取容的面貌出现的。与皇帝相处公孙弘很有一套，"每朝会议"，他往往"开陈其端，令人主自择，不肯面折廷争"，正是凭借着这种无条件地服从，他赢得了武帝的喜爱与器重。他对君主圆滑顺从，对同僚、政敌绝不心慈手软，可谓"阴损刻毒"，司马迁这样记载："诸尝与弘有郤者，虽详与善，阴报其祸。"对那些得罪过自己的人，表面上他客客气气，与人为善，似乎一点也不介意，背地里却对他们施以暗箭。主父偃曾与他有过节，后来被杀灭族，公孙弘在暗中使了很多坏；董仲舒曾经冒犯过他，后来他找机会建议汉武帝派董仲舒到胶西王那里做丞相，一方面将董仲舒排挤出政治权力中心，另一方面想借胶西王之手除掉自己的政敌。因此，司马迁对公孙弘的评价是"为人意忌，外宽内深"，"缘饰以儒术"，仁义敦厚只是装饰，惨刻阴森才是本质。

　　汉武帝对公孙弘极为欣赏、倚重，除却公孙弘深谙官场生存哲学，能够投人主所好之外，更重要的原因恐怕在于他们"外宽内深"的相同属性。对于这一点，汉武一朝著名的骨鲠之臣汲黯的总结可谓恰如其分。《史记·汲郑列传》载："天子方招文学儒者，上曰吾欲云云，黯对曰：'陛下内多欲而外施仁义，奈何欲效唐虞之治乎！'""内多欲而外施仁义"的评价道出了汉武一朝政治"外宽内深""外儒内法"的本质。也只有戆直的汲黯敢于冒着触人主"逆鳞"的风险说出真相。在众多臣子中，汉武帝最敬畏的就是汲黯了，称他为"社稷之臣"。史书记载，武帝接见大将军卫青，"踞厕而视之"，也就是两腿叉开，坐姿随意，接见丞相公孙弘时常"不冠"，无论是衣着还是动作都非常随意，唯独汲黯觐见，"不冠不见也"。然而，敬畏归敬畏，真正受重用的还是"外宽内深"的公孙弘之徒。

酷吏政治

汉武帝的"外儒内法""外宽内深"最直接的体现还是他对酷吏的倚重。我们都知道司马迁曾经因为替李陵辩护激怒武帝而下狱，惨遭宫刑，他在狱中饱受酷吏之苦，对武帝一朝的酷吏政治有切身体会，因而在《史记》中专门写作《酷吏列传》，勾画出汉代的酷吏群像，也将对汉武帝一朝酷吏政治的看法隐含其中。

酷吏并非武帝时期的新事物，古已有之，武帝之前也有，比如汉景帝时期的郅都，因其执法严酷整肃，行法不避贵戚，一心维护法律威严，使人望而生畏而得"酷吏"之名。然而，武帝一朝的酷吏尽是迎合君主旨意，"执敲扑"鞭笞良善的鹰犬。

汉武帝时期最有名的酷吏要数张汤。据说，他在很小的时候就显露了酷吏的天分。有一次，家里的腊肉不见了，父亲以为是张汤偷吃了，就把他打了一顿，张汤觉得很冤枉，就开始调查"腊肉案件"。他在家里找到了一个老鼠洞，把老鼠洞挖开，发现里面有腊肉，这下"人赃俱获"，他把老鼠活捉了，然后开始审讯老鼠，还像模像样地做好了笔录和判决书。他父亲回来看到了张汤的笔录和判决，"文辞如老狱吏"，大吃一惊，认为儿子将来是干这一行的了，就让张汤去学刑判。

张汤长大后顺利地走上仕途，他八面玲珑，结交权贵，在汉武帝母舅田胜的引荐下，升为御史。升任御史后，张汤为汉武帝办的第一桩大案子，是涉及陈皇后的"巫案"：陈皇后试图谋害受宠的卫子夫，又暗中使用巫术，想让汉武帝回心转意，结果事情败露。张汤审理此案的过程中，使用酷刑威吓陈皇后的宫女，将案件的性质从后宫争宠升级为谋害皇帝，最终此案株连上千人，处死三百余人。汉武帝认为张汤很有断案能力，任命他为廷尉，掌管朝廷的审判事务。

张汤办案很有一套，他专门迎合武帝的好恶。武帝崇儒，他就聘儒生来担任廷尉史，起草给汉武帝的奏章。遇到疑难案件，就亲自拜访董仲舒，请董仲舒按照《春秋》经义来解释法律。张汤前后积累了二百余个案例，命儒生将它们记录在案，号为《春秋决事比》，以此作为各地法吏断案的参考。汉武帝要加强中央集权，打击诸侯势力，张汤在办理淮南王、衡山王谋反案件的过程中，使用了极为严酷的刑罚，经过对涉案人密不透风的审讯，株连的人越来越多，最后被处死的人达上万人之多。在向汉武帝汇报疑难案件时，张汤总是预备好两套方案，若汉武帝许可，就赶紧编写"廷尉挈令"，发布到各地作判案依据；若不合武帝心意，就将原先准备好的另一套方案提出来，作深刻的自我反省。张汤的行事风格与公孙弘如出一辙，而汉武帝对他的工作能力、工作态度非常满意，将他擢拔为御史大夫，进入最高决策圈。

身为御史大夫的酷吏张汤在律法上有一项发明——"腹诽"重罪。我们都知道汉武帝在匈奴政策上，主张与匈奴对抗到底，数次发动对匈战争，致使国库空虚。为弥补财政空缺，汉武帝先是实行盐、铁官营，垄断利益，又打算发行一种"皮币"，在廷争时，主管财政的大司农颜异提出了反对意见，让武帝很不快。后来有人告发颜异与客人谈话时，对现行的财政政策报以冷笑，张汤借此弹劾颜异：身为朝廷九卿重臣，在腹中诽谤皇帝的财政政策，是为"腹诽"重罪！颜异因此被下狱，最后惨死狱中，"腹诽"罪名有效地遏制了朝臣对天子政策的反对意见，自此，汉武帝授意出台的新政策均畅通无阻。为了保证君主专权，他又发明了一项"废格诅诽"的罪名，将那些被认为执行皇帝诏令不够努力（废格）、私下议论朝廷政策（诅诽）的大臣定为死罪。

张汤只是汉武帝执政时期酷吏政治的一个缩影，汉武一朝涌现出了一大批酷吏：义纵、宁成、周阳由、赵禹、杜周、王温舒……他们曲意逢迎，舞文弄法，残忍好杀。史书记载，酷吏王温舒断案神速，杀人成瘾，每到春天，他因不能把抓捕的罪犯立即处死顿足而叹："可惜啊，若是冬季可以再延长一月，我的事就能办成了！”然而，这些酷吏大多不得善终，义纵被判处死刑，周阳由弃市，张汤畏罪自杀，王温舒灭族。

从汉武帝的用人标准看，无论是“外宽内深”的公孙弘之流，还是那一干舞文弄法的“刀笔吏”，都可以看出他“外儒内法”的施政策略，其根本目的是实现武帝有为之主的宏愿，统一权力，平定四海，儒学只是他集中君权的理论依据，而酷吏只是他通向理想、扫除障碍的有力工具。

武则天渐引酷吏，威制天下

武则天在中国历史上是一个独特的存在。自古以来，太后临朝的不少，战国时有秦宣太后，汉代有吕后、王政君，清代有慈禧，但称帝的有且仅有一位，就是唐朝的这位女皇帝。由于身份特殊，有关她的秘闻戏说不计其数，为后人津津乐道。而提起她作为女皇临朝执政的"业绩"，人们往往喜欢将之与"酷吏"二字联系起来。

重用酷吏

武则天当政期间确实起用了大批酷吏，丘神勣、索元礼、周兴、来俊臣、侯思止、王弘义……一个个都是中国古代法律长廊中赫赫有名的酷吏。

例如周兴，他是唐代雍州（今陕西省西安市）人，少时学习法律。武则天临朝时，他受命掌管刑狱。他看准时机，不择手段滥用酷刑，先后陷害了数千人。武则天称帝后，他被任命为尚书左丞，上疏请除李家宗正属籍，第二年被人告发有"谋反"罪。《资治通鉴》记载：有人告发周兴和丘神勣通敌谋反，太后命令另一个酷吏来俊臣办这个案子。来俊臣假装请周兴吃饭，他问周兴，现在一些犯人都不肯承认罪行，应该怎么办？周兴说："这个事很容易，砌一个大瓮，以炭四周烤热，令囚犯进去，谁再敢不承认？"来俊臣于是取来一个大瓮，用周兴所说的办法用火烤瓮，然后对周兴说："有人告发你谋反，请兄入此瓮。"周兴惶恐叩头服罪。这就是著名的"请君入瓮"的故事。后来武则天赦免了他，被流放到岭南，因为得罪的人太多，在途中被仇人所杀。

上文中所提到的另一个酷吏来俊臣，他也是雍州人，原来在和州因犯"奸盗"罪被捕入狱，因为写诬告信受到武则天召见，后来官至侍御史、左台御史中丞等职。来俊臣勾结侯思止、王弘义等人，一起作恶。召集无赖数百人，他们要诬陷一个人，就到处告发。他还和朱南山编写《罗织经》，实际就是教他的门徒如何整人害人，怎样编织罪名、安排犯罪情节。中国古书上讲的"深文周纳""罗织罪名"，可以说一到来俊臣手里便到了登峰造极的地步。他习惯于用酷刑逼供，在审讯犯人时，先以刑具陈列在犯人面前，使自诬服，前后害了数千家。他自己因为贪赃枉法被下狱，不久又被放出来继续害人，后来因为要想罗织武氏诸王以及太平公主的罪名，反而被告发，被武则天处死。

酷吏之消亡

尽管武则天任用了大量酷吏，但"酷吏政治"一词并不能概括这位女皇帝统治时期的全部政治属性。武则天称帝十五年，然而若从显庆五年（660 年）她作为皇后参与朝政算起，直至神龙元年（705 年）退位，她执掌权柄的时间将近半个世纪。而她任用酷吏主要是在她作为太后废除皇帝临朝称制以后。《旧唐书·刑法志》分析说："然则天严于用刑，属徐敬业作乱，及豫、博兵起之后，恐人心动摇，欲以威制天下，渐引酷吏，务令深文，以案刑狱。"

光宅元年（684年）二月，武则天废中宗为庐陵王，引起"反武"势力的强烈反弹，九月，徐敬业打着匡复李唐的旗号起兵扬州。垂拱四年（688年）八月，琅邪王李冲、越王李贞各据封地起兵谋反，其武装势力及党羽均被武则天一一剪除、歼灭。天授元年（690年），武则天改国号为周，破天荒地登上皇帝宝座。然而，对她女主称帝、牝鸡司晨存有看法且蠢蠢欲动的依然大有人在，为了打压异己，武则天开始实行特务统治，钳制言论，鼓励告密，刻意制造恐怖气氛，使得朝野人人自危。《旧唐书·刑法志》记载："是时海内慑惧，道路以目。"而那些酷吏就是她借用法律武器诛除异己、铲除政敌的工具，运用酷吏这柄利剑，她罗织了数以千万计的罪名，将那些反对她的宗室贵戚、王公大臣清洗一空，彻底扫除她篡权道路上的一切障碍。然而，所谓"多行不义必自毙"，那些酷吏均没有好下场。武则天对他们的态度是不拘一格地提拔，毫不留情地消灭，头脑清醒的武则天，在利用他们打击既得利益集团的同时，自然也不容许这些她一手提拔起来的酷吏形成新的利益集团。

因而酷吏横行的局面并没有维持多久，政局稳定之后，武则天便颁发了《减大理丞废秋官狱敕》："崇德简刑，列辟之彝范；并官省事，有国之良图……远近无缧绁之冤，老幼有歌谣之乐。人皆迁善，政在惟新。丹笔刑官，已绝埋梧之听；黄沙狱户，将为鞠草之场。"（《唐大诏令集》卷八十二）意思是，如今天下太平，秩序井然，应当崇尚道德，精简刑罚，那些刑具、刀笔可以弃之如敝履了。早年，武则天身为皇后协助高宗"内辅时政"，"忧劳天下"，曾主张"以道德化天下"，要求"王公以降皆习《老子》"，反对酷刑、苛政，主张约法省刑，无为而治。因此，我们可以将她颁布《减大理丞废秋官狱敕》视作"约法省刑"思想的回归，在这样的情势之下，酷吏逐渐消亡殆尽。

"失出"与"好生"

司马光称:"太后虽滥以禄位收天下人心,然不称职者,寻亦黜之,或加刑诛。挟刑赏之柄以驾御天下,政由己出,明察善断,故当时英贤亦竞为之用。"(《资治通鉴·唐则天长寿元年》)武则天执政时期不唯起用酷吏,还重用了大量坚守律令、秉公执法的忠直之士,司刑寺臣徐有功就是其中的一位。当周兴、来俊臣等酷吏构陷无辜,朝野震恐,他敢于出来"犯颜累谏"。

刘𫗧《隋唐嘉话》记曰:"徐大理有功,每见武后将杀人,必据法廷争。尝与后反复,辞色愈厉,后大怒,令拽出斩之,犹回顾曰:'臣身虽死,法终不可改。'至市临刑得免,除名为庶人。如是再三,终不挫折。朝廷倚赖,至今犹怀之。"徐有功一次又一次地面折廷争,违逆圣意,几乎九死一生。《新唐书·徐有功传》记载了这样一件事:有个叫韩纪孝的曾参与徐敬业反对武则天的叛乱,后来他死了,有个审理案件的官员奏请要把韩家查抄家产,家属发配为奴。徐有功说:"根据《唐律》,谋反的人要斩。但是身亡就无斩法。"在他的坚持下,当时"如此获宥者有数十百姓"。徐有功与酷吏的做法背道而驰,自然成为他们的"眼中钉"。周兴曾指控他"故出反囚",应判死刑。武则天只将他免职,不久重新起用他为侍御史。后来另一个酷吏薛季昶罗织了"党恶逆",想置他于死地,他的下属慌忙来报,徐有功却泰然自若,交代完工作以后,缓步去受审。武则天明察秋毫,自然知道徐有功是被陷害的,但从心底也不喜欢徐有功总拿法律来"忤逆"圣意,在召见徐有功时故意问他:"你说自己无罪,但为什么你办的案件总有'失出'(重罪轻判)之嫌呢?"徐有功反唇相讥说:"失出,臣小过;好生,陛下大德。"武则天听着虽然心里不快,但并没有杀他,只是判处流刑,不久就又召回他,还是让他当执法官。徐有功曾言:"身在大理,执法断案,事关人命,怎能顺应圣意来自保官位？"他在酷吏当权的十多年里，不停地与酷吏们斗法，三次被判处死刑，四次被弹劾罢官，重新起用后依然故我。

徐有功敢于挑战皇权、"犯颜累谏"，仍为武则天所容，从侧面可看出，她本质上还是尊贤爱才的。无论是重用酷吏还是任用循吏，都能体现她不问出身、破格举才的用人特点，因此，她当政期间涌现了一大批德才兼备的文武官员，李昭德、魏元忠、杜景俭、姚崇、张柬之、唐休璟、娄师德、郭元振……最有名的莫过于狄仁杰，他敢于和酷吏周旋，与强权斗智，屡遭贬斥，甚至有性命之虞，但知人善任的武则天对他予以高度信任，狄仁杰多次临危受命，最终以丞相之位善终。

总体上说，武则天是一位明察善断、极富手腕的强势统治者，她分别以皇后、太后、女皇的身份执掌权柄，当她的权力遭到质疑、受到动摇之时，酷吏便成为她打击政敌、铲除异己的利剑；当政局稳定、万民归心之际，她便反对重罚滥刑，大体上承袭了高祖、太宗、高宗三代帝王缔造的唐代宽简恤刑的律法制度。但无论如何，从武则天任用酷吏、弃用酷吏这一做法，我们还是能看到封建统治时期律法实际上就是维护统治、稳固政权的工具。在酷吏横行的"恐怖时期"，武则天要让天下畏惧的并不是她豢养的那群"鹰犬"，而是她毋庸置疑的天子威权。

朱元璋用重典固皇权

朱元璋立国以后，鉴于元末连年的战乱，决心采用软硬兼施之策治国。软的一手是进行"思想教育"——用儒家文化对老百姓进行教化。洪武十五年（1382年），朱元璋下诏全帝国崇祀孔子，而此前洪武二年（1369年）的政策是只准山东曲阜孔府族长祭孔，如今一改前辙，要整个帝国所有孔庙都在春、秋两季祀孔。此外，他恢复科举考试，鼓励读书人为国家所用。但是将历代考诗赋之策，改成考"制义"，题目从"四书五经"里出，还有试策，如此实现儒家文化的全面渗透，以期从统一思想的角度实现国家的长治久安。硬的一手是采取"乱世用重典"政策，制定《大明律》，严厉打击贪官污吏和各种有损皇权的行为，以及各类犯罪活动。尽管明代有《大明律》，朱元璋总觉得还不够，尤其对付官吏、士大夫要另有一套东西作补充。譬如，他亲手设立了凌驾于刑部、大理寺之上的特务机构——锦衣卫，由皇帝亲自指挥，专门负责侦查、扣押、秘密处刑，其侦查密探称为"检校"，其法庭监狱称为"诏狱"。

徐一夔案

文字狱历代都有，明清两代最厉害，明代以朱元璋一朝为甚。他不像唐宋两代皇帝出身于有地位的贵族，他的出身比较低贱，文化程度不高，所以对文人有天然的恶感，对文人的一举一动都要加以防范，对文人的一言一行都很敏感。但是他又懂得"马上得天下，马下治天下"的道理，所以他一旦成为皇帝，就要逼文人就范，要制造一点事情来"教育"文人。在立国之初，便规定：凡遇正旦（岁首）、冬至、万寿圣节（皇帝生日）等节日，各级各地官员须上表笺祝贺，颂扬圣德。朱元璋则从中严格挑剔，屡以文字狱杀人。

最有名的是"徐一夔案"。徐一夔是浙江人，字大章，元末任福建建宁府儒学教授，洪武二年奉诏撰修礼书，第二年修成《大明集礼》，有人推荐他修《元史》，他以足疾辞。后任杭州儒学教授，参与编写《大明日历》，书成，辞翰林院授官，回杭州旧任。后来在他上的贺表里有"光天之下，天生圣人，为世作则"等语。朱元璋大怒，说："'生'者僧也，以我尝为僧也，'光'则薙发也，'则'字音近'贼'也。"于是下令杀头。这是毫不讲理的事，更没有法律可言。朱元璋杀文人当然有其暴戾的性格原因，事实上，同下面有小人挑唆也有关系。

清代学者赵翼在《廿二史札记》里谈道：洪武初年，朱元璋开科取士，一些开国元勋忿忿不平。朱元璋告诉他们："世乱用武，世治宜文。"那些勋臣说："这个当然对，但是这些读书人善于讥讪，有个叫张九四的官原来很尊重文人，有一次他让那些文人起个名，他们告诉他叫'士诚'。"朱元璋说："士诚这个名字很好呀。"诸大臣回答说："孟子有'士诚小人也'的话，皇上您能想到吗？"这时候朱元璋发怒了。从此他遍览天下所进的表笺，兴起文字狱。徐一夔就是在这种背景下成为屈死之鬼。

当时同样情况还有苏伯衡案，"《贺冬表》案"《正旦贺表》案"《谢东宫赐宴笺》案"等都是这时候发生的。朱元璋其实何尝不知道这些文人哪有如此大胆讽刺皇帝呀，主要还是为了"做规矩"吓唬天下文人，使他们连腹诽都不敢。专制独裁最大的特点就是不把人的生命当一回事，如何延长他们王朝的寿命才是头等大事，法只是对老百姓而言的。

胡蓝之狱

文字狱是朱元璋控制文人、控制舆论的一种手段，尽管捕风捉影，残忍酷烈，但相比洪武一朝的另一类案件，如"胡蓝之狱"，只不过是小巫见大巫。"胡蓝之狱"之惨烈程度超乎常人想象，前后延续十四年之久，诛杀四万五千余人，这案件起源于开国之君与功臣这对古老的矛盾。

"胡蓝之狱"的"胡"指胡惟庸，他早在朱元璋攻取和阳之时就入其麾下，与朱元璋的亲信——明朝第一任左丞相李善长私交甚密。李善长退休以后，为了在朝廷中延续自己的影响，极力推荐胡惟庸接替自己的位置。胡惟庸精明强干、八面玲珑，又善于察言观色，起初颇得皇帝赏识。然而，久而久之，他依仗着皇帝的信任，开始流露出贪婪狡诈的本色，逐渐骄横起来，他将官员们上奏的封章截下，先自己审阅，把那些不利于自己的奏章藏匿、销毁，对官员的生杀黜陟，往往是不经皇帝就擅作主张，且利用自己的权力，广结党羽。他种种僭越、专权的行为逐渐为朱元璋所知，引起了朱元璋的极度不满，朱元璋先是下令所有奏章毋须先奏经中书省，这就等于架空了丞相的权力。

洪武十三年（1380年），御史中丞涂节告发胡惟庸谋反，这一状告恰好为皇帝除去胡惟庸提供了正当的理由，朱元璋即刻下令亲自审理胡案，并将此案钦定为谋逆之罪，胡案株连了三万余人，其中有各地宿将功臣。胡惟庸死后，朱元璋干脆撤销中书省，罢黜丞相一职，升六部尚书为正二品，由皇帝亲决国政，并立下训示："嗣君不许复立丞相，臣下敢以请者置重典。"所以胡惟庸后明清再无"丞相",即便行丞相之权,也无丞相之名。

胡惟庸案以后数年,洪武二十六年(1393 年),朱元璋故伎重演,又兴"蓝党大狱"。这次的主角是蓝玉,他是明朝开国功勋常遇春的内弟,在对元朝的战争中攻城拔寨。明朝建立后,为平定边疆的战乱,朱元璋发动了数次远征,蓝玉能征善战,勇立战功,尤其是在捕鱼儿海(今贝尔湖)打败元将脱古思帖木儿,击溃北元政权。这一战奠定了蓝玉在军中的地位,徐达、常遇春过世后,军权就掌握在蓝玉手中了。权力使他日渐骄恣,擅自黜陟将帅,引起朱元璋的不满,后来锦衣卫指挥使控告他谋反,不久定案,蓝玉被磔杀(凌迟),灭三族,其党羽被诛者多达一万五千余人,多为军中勇武刚强之将。

胡、蓝二人,一文一武,在打江山的时候就追随朱元璋,立国后曾分掌行政权与军权,煊赫一时,最后皆以谋逆罪身首异处。后世不少学者对胡、蓝二人是否有谋反动机作了考证,多认为二人无意谋反,乃"积疑成狱"。朱元璋所以大兴"胡蓝之狱",其一,是为了削弱相权、将权,树立皇帝的绝对权威;其二,是为了清洗功臣,为嗣君即位后的执政扫清障碍。据史书记载,朱元璋的太子朱标曾力谏不要滥杀无辜,朱元璋不置可否,且日,把一根满是荆棘的木杖置于地,让太子去捡,太子见到棘刺便面露难色,朱元璋拾起棘杖,用剑削去棘刺,对太子说:"你畏惧刺不敢拿杖,朕替你把这些刺去掉,再交给你持杖,难道不好吗?"朱元璋对功臣大开杀戒,让人不禁想到韩信的"狡兔死,走狗烹",也让人联想起赵匡胤的"杯酒释兵权",开国之君与功臣的矛盾必然存在,但如何处理,具体情势之外,还要看国君的性格、度量与手段了。

《大诰三编》

朱元璋开国以后在反腐败方面抓得特别紧,在胡惟庸案以后,朱元璋更是加强了对司法机关的控制。洪武十七年（1384年）四月，朱元璋下令，所有查办刑事案件的政府部门都应迁出宫外，在北面的城墙外建造办公处。北方乃取其含有严冬、死和刑罚之义。他让刑部、都察院和大理寺重新选址于皇城太平门外名为"贯城"的新院落内，这是取名于北冕座九星"贯索"，"贯索"在传统观念中被认为是"天上的牢狱"。朱元璋建贯城，将天上的牢狱带到了人间，且就在皇城脚下，肃杀之气不言而喻。

因为要整顿吏治，消灭一切反抗势力，朱元璋通过特务统治杀了许多文人和官吏，使朝廷上下人心惶惶，敢怒而不敢言。朱元璋意识到问题所在，为了缓和官员的情绪，恢复在臣民中的威望，他做了两件事。一件事是让拥有特别大权的锦衣卫奉旨焚毁了其酷刑刑具；另一件事就是颁布《大诰三编》，他在《大诰三编》中明确地说，他深深关怀自己的子民，并且想以仁政治民，但是为了国家的利益和安全，他必须对一切犯罪活动严惩不贷。《大诰三编》发布于洪武十八年（1385年），朱元璋要求所有学校以它作为考试内容考学生。它规定了有十类罪行，并且指出，刑事诉讼中的被告能够背诵它的条文，可以自动地减刑。

发布《大诰三编》的目的是惩处地方衙署中的官员和胥吏所犯的罪行，特别是贪污贿赂等。例如，他规定了对付贿赂的四种办法：一、令贿赂各方负连坐之责；二、禁止私人和地方官员互相沟通和在他们之间交换所偷物品；三、对贿赂双方同样严厉处置；四、制定条款准许私人径送贪官至京师受审，而不需经过正常的司法程序。这里有个真实的故事可以证明朱元璋确实是这样做的：在《大诰续编》里他表扬了一个名叫陈寿六的人，陈寿六和另外三个当地人，一起抓了一个衙门的胥吏，并且把他送到南京受审。他们随身带了一本《大诰三编》作为根据。朱元璋表扬了他们，而且警告地方官胆敢侵扰他们的，就将他们灭族。

为了树立权威，他在《大诰三编》里公布了一份"坏进士"和"坏监生"的名单。他下令对六十八名进士和五十三名监生处以死刑；五名进士和两名监生被判流放；七十名进士和十二名监生被判服苦役。因为这样对待读书人，他又怕读书人不愿出来做事，于是又下一道诏书，如有才之士拒不奉诏来给朝廷服务，则应处死。他警告天下文人："率土之滨莫非王臣，全国范围内的士大夫如果有敢于违背孔子教导，不为国家服务的，就是杀头抄家，也不算不公。"在这个《大诰三编》里，他还公布了四名御史被凌迟处死，十四名御史被戴上枷锁。

剥皮楦草

朱元璋滥施酷刑也是有名的，所谓"剥皮楦草"，据叶子奇《草木子》记载，朱元璋开国后，对各地官员责罚很严，前面说过，可以允许老百姓把官吏扭送到京城去审判，准许百姓赴京申冤。官员如果贪污超过六十两白银，就要处以死刑，杀头以后，还要枭首示众，并且剥下他们的皮，将稻草塞入其中，称为"人楦"，就像"鞋楦"一样。朱元璋还把这些"人楦"置于衙门里官座旁边，让后任官员心惊肉跳，以起到警诫作用。府州县衙门都要设立一座厅堂，祭祀土地神，若需要对某人剥皮就在这里执行，这个厅堂就叫"皮场庙"。

后来他的四儿子明成祖朱棣也用这个办法对付那些拥护建文帝的大臣和文人，还有那个臭名昭著的魏忠贤也用同样的方法对付反对他的人。鲁迅先生在《病后杂谈》谈到明朝时说："大明一朝，以剥皮始，以剥皮终，可谓始终不变。"他还说过："明朝皇帝十凶九恶。"结果怎么样？明王朝还是逃不了灭亡的下场，据说，朱元璋的后代有六千，被杀得差不多了。只有那些逃到寺庙的如八大山人（朱耷）、石涛（朱若极）才逃过一劫，有人说这是报应，其实还是没有走上真正的法治道路的结果。

中国封建社会实际上是一个人治社会，所谓的"法"都是针对臣下

法家的理想人

和老百姓的，"朕即法律"，皇帝是不受法律约束的，当他觉得有必要时，他随时可以废掉或者推出某项法律。说一个官吏"奉法"其实是"奉职"的意思，是官制之法，老百姓的"守法"才是法律之法。如果说唐宋时期皇帝还比较能够听从臣下意见的话，那么明清两代，随着中央集权的加强，皇帝权威越来越加重，而这正是朱元璋用"严刑重典"打下的基础。

　　"文字狱"是中国古代专制统治者对文人实施思想管控、施行政治迫害的一种手段，从文人的著作中摘字取句，牵强附会，罗织成罪。这种"言语之罪"历朝历代都有，比如春秋时，齐国史官因秉笔直书"崔杼弑庄公"，而相继被杀害；汉代司马迁的外孙杨恽因写《报孙会宗书》被宣帝以大逆不道的罪名判处腰斩；宋代著名文人苏轼因"乌台诗案"下狱，九死一生。历朝历代中，对文人思想管控最严的是清代，他们是异族统治，最忌讳的就是文人在思想言论上否定其统治的合法性，因而清代的文字狱是最酷烈、最频繁的。

庄廷鑨《明史》案

　　浙江湖州南浔镇有一富商庄廷鑨，因病眼盲，想效仿左丘明著史，他购得明代大学士朱国祯著的《明史》稿本，延揽了江南一带有志于修明史的才子吴炎、潘柽章等十六人作增补、修订，最后用庄廷鑨名字刻印刊行。

该书字里行间有许多忌讳的地方，如仍然奉尊明朝年号，不承认清朝的正统，称孔有德、耿精忠降清为"反叛"；称清太祖努尔哈赤为"建州都督"，清兵为"建夷"，直呼努尔哈赤为"奴酋"，还沿用南明唐王隆武、桂王永历年号。顺治十二年（1655 年）庄廷鑨病死，其父庄允诚于顺治十七年冬（1660 年）将书刻成，定名为《明史辑略》。

顺治十八年（1661 年），归安知县吴之荣告发该书有狂悖之语，起初，湖州知府陈永命接受庄允诚的贿赂，拒不审理此案。吴之荣见不能立案，便敲诈庄允诚，庄并不理会他，吴之荣敲诈不成，继续上告，后来事情越闹越大，惊动了朝廷命臣鳌拜，派专员到湖州彻查。结果，庄允诚被逮捕入京，因不堪虐待死于狱中，已经过世的庄廷鑨被掘墓开棺焚骨。该案的调查审理一直持续至康熙二年（1663 年），凡为本书修订者、作序者、校阅者以及刻书、卖书、藏书者均被处死，连刻字工、印刷工、书店老板都惨遭屠戮，未能幸免，前后被处死的有七十余人，发边地充军者数百人，受到牵连的有千余人。而那个敲诈勒索不成的吴之荣因为告发有功，擢升为金都御史。

戴名世《南山集》案

康熙是清代乃至中国历史上最有作为的几个皇帝之一，但是，他也制造过几次重大的文字狱，戴名世的"《南山集》案"就是康熙皇帝的"杰作"。戴名世（1653 年—1713 年），字田有，自号忧庵，安徽桐城人，清代文学家，喜欢读《左传》《史记》，留心明代史事，访问遗老，搜求明末野史，主张《明史》应为弘光、隆武、永历三帝立本纪。他的著作《子遗录》《南山集》，多采同乡方孝标《滇黔纪闻》所述南明事。

康熙四十一年（1702 年），戴名世的弟子尤云鹗把自己抄录的戴氏古文百余篇刊刻行世，因戴氏居南山冈，遂命名为《南山集偶抄》。戴名世则在康熙四十八年（1709 年）五十七岁时考上一甲排名第二（榜眼），授翰林院编修。两年后，左都御史赵申乔检举揭发其《南山集》"狂妄不谨"。原因是里面著录南明桂王时史事，且多用南明年号。结果戴名世以"大逆"罪下狱，两年以后被处死。当时许多有名的人被牵连进去，如桐城派开山祖方苞等也被捕入狱。当时方孝标已死，被戮尸，方孝标儿子方登峄等并妻子充军到黑龙江，前后受牵连者数百人。

以上两个文字狱的共同特点是对前朝历史的解释权，统治者为了稳定局面，对所谓"胜朝"历史的解释是抓得非常牢的，谁掌握过去历史的解释权，谁就拥有现在，也就可以掌握未来，所以历代统治者修史之权一定掌握在官方，而且由宰相挂帅，私修国史就是一个大罪状。

《大义觉迷录》和"思想教育"

清代皇帝中，从制定各项政策和法律讲，雍正皇帝所做的事比康熙要多。因为康熙即位后南征北战，平定天下花去很多时间，又在治黄、淮，兴水利方面做了许多事，此外他还在文化方面有很大建树，所以他在位六十余年，在法制和政策上动静不如雍正多。雍正因为是经过残酷的宫廷斗争而坐上皇帝宝座的，他一方面要保证自己有合法性，打击反对自己的势力；另一方面要改革一些弊政，做出一定的成绩来。所以，他做了不少影响有清一代的事。

雍正是康熙皇帝的第四个儿子，他在兄弟"夺嫡"之战中获胜，在传嫡不传庶的中国宗法制度下，多少有点理不直、气不壮。虽然他在政治上、组织上打垮了反对他的人，但是，在思想领域和舆论上还没有统一，他的几个兄弟也组成文人集团势力反对他。雍正六年（1728 年）发生的"曾静投书案"正好被雍正用来对付天下文人。

曾静是湖南人，他读吕留良书并深受其影响。吕是浙江崇德（今桐乡）人，清初拒绝博学宏词科，削发为僧，在著作中力倡华夷之别，图谋复明。曾静是汉族读书人，当然希望恢复汉人的统治，改善老百姓的状况。听说了雍正皇帝失德的事，他认为这是可以用来反对清朝的理由，于是派弟子张熙到川陕总督岳钟琪处递了一封信，策动他造反，为汉人复仇。他在书中历数雍正帝有十大罪状："谋父""逼母""弑兄""屠弟""贪财""好杀""酗酒""淫色""怀疑诛忠""好谀任佞"，把雍正政敌——其弟兄攻击他的罪名全部集中起来。曾静、张熙本来是要游说岳钟琪造反的，谁知谋反不成，反被告发了。

雍正得悉后，认为此案中吕留良鼓吹的反清思想和以八皇子胤禩为首的政敌散布的流言才是大患。至于曾静只是乡曲"迂妄之辈"，不足为大患。所以他并没有诛杀曾静，而是审问他，就好像进行一次辩论一样，针对曾静提出的问题，一一进行辩驳。然后，在次年九月，雍正将他与曾静的问答之词，编为《大义觉迷录》一书，对华夷之分和雍正夺嫡等民间传言进行逐一批驳，又派大员带领曾静到江宁、杭州、苏州等地，进行宣讲。同时，他又开始兴起文字狱，把吕留良的全部遗著烧毁，吕留良被戮尸示众，家属被诛，孙辈发往宁古塔为奴。而曾静和张熙却被免罪释放。其目的是宣扬他的仁政，一方面也可以让曾静、张熙为其宣传《大义觉迷录》。但是到了乾隆年间，这两个人仍然难逃一死，因为乾隆认为《大义觉迷录》一书涉及太多宫闱秘事，不但起不到解释和扑灭流言的作用，反而越描越黑，于是把曾静、张熙处死，以"泄臣民公愤"。

曾静案是清代文字狱的一个典型。清代文字狱还有很多，被称为明君的康熙，照样杀人，康熙初年结案的"庄廷鑨《明史》案"以及"《南山集》案"等都是有名的文字狱。雍正更有"查嗣庭试题案""徐骏诗句案""汪景祺《西征随笔》案"等。统治者就是这样，只要你不小心踩了他们的尾巴，他们会毫不留情地消灭你，而不管什么法不法，其目的是让读书人和老百姓不要有异端思想。雍正在这方面有许多"创新"，例如：康熙四十二年的探花钱名世，因为为年羹尧写过颂诗被雍正赐一块匾，上有御笔题词"名教罪人"，让他挂在家里，天天反省，还怕他遮蔽起来，隔三岔五派官员去他家查看，如果胆敢不挂，就要惩罚他。雍正还令当时在京的三百八十五个官员，人人作诗批判钱名世。为了统一思想，他会孜孜不倦地搞一些"教化"活动，推行他的愚民政策。雍正把康熙皇帝的《圣谕十六条》，推衍成《圣谕广训》一书，全面系统而又通俗地宣扬三纲五常，令老百姓当顺民。为了让老百姓知晓，规定在军民中宣讲此书。民间定于初一、十五两天进行，到时候，城市里的官民集中到学宫的明伦堂，听主讲者宣讲此书。这就是雍正的一种创新。

总的来说，清朝初年的几个皇帝无论对老百姓还是对士大夫采取的政策是胡萝卜加大棒，如果你能够归顺，能够听话，不影响帝国的统治，那么你就有好果子吃；如果你胆敢冒犯朝廷，甚至不小心触犯了朝廷的利益，就会毫不留情地将你消灭，手段之残忍是我们无法想象的。所谓的"法律"都是针对民众的。皇帝要杀谁是不需要法律批准的，因为他就是"法"。

本章小结

对历朝历代的帝王而言，摆在他们面前的头等大事即是如何维护统治，巩固皇权，实现这一目标的途径有多条，行怀柔之术，施宽简之法是一种，施高压统治，行严刑峻法也是常用的手段。在实施严刑峻法的过程中，酷吏便粉墨登场了，他们最擅长的是迎合圣意，舞文弄法，罗织罪名。然而，酷吏再怎么威风凛凛，说到底只是君主稳固政权的棋子，是实现集权统治的工具。历史上，汉武帝、武则天、明太祖等均利用酷吏剪除异己，集中君权，而当天子威权已树，政局已定，他们便沦为"弃子"，历史上著名的酷吏十有八九不得善终。另一方面，要想实现高度君主专制，使天下归心的舆论导向也是不可小觑的。因此，历代帝王都极为重视文化政策，不少统治者更是运用严刑峻法来实施文化管控。秦始皇焚书坑儒，以法为教；汉武帝罢黜百家，独尊儒术，儒学外衣下是惨刻酷烈的"法"术；明太祖利用文字狱打击文人，统一思想；清初康雍乾等帝王更是大兴"文字狱"，确立异族统治的合法性。在一次次以文化的名义开展的清洗与屠杀中，我们不难看到封建法治即人治，君主意志才是立法行法的核心依据这一实质。

七 秉公执法

『苍鹰』郅都的起与落

中国历史上常常会出现酷吏，而我们看到"酷吏"这个词往往会想到滥用刑罚、惨刻阴森的形象，如汉武帝一朝的张汤、王温舒，武则天执政时期的周兴、来俊臣。事实上，"酷吏"这个名词的本义并非专指那些残忍酷烈之法吏，而是一个比较中性的词，指那些铁面无私、秉公执法之人，汉景帝时期的郅都就是这样一个酷吏。

忠勇护主

郅都是河东郡杨县（今山西省临汾市洪洞县东南）人，在汉文帝时期，曾任郎官，担任汉文帝侍从。景帝即位后，郅都升为中郎将，为皇帝侍卫的统领。《史记》记载了这样一件事，有一次郅都随汉景帝到上林苑狩猎，景帝的宠妃贾姬如厕之时，突然冲出一头野猪，径直冲向厕所，景帝担心贾姬的安危，万分焦急，他示意郅都去营救贾姬，然而郅都并不接旨，他手持兵器，保护在皇帝身旁，纹丝不动。汉景帝见状，自己操持武器想要亲自救爱姬。郅都即刻阻拦景帝说："陛下万万不可，您失掉一个姬妾，还会有其他姬妾入宫，天下女子多的是，难道会少贾姬这样的吗？但天子只有一个，陛下您若是为了一个妃子铤而走险，置江山社稷和太后、祖宗于何地！"景帝听了这番话，只好忍痛割爱，把贾姬丢在一边。好在贾姬还算镇定，野猪也没有伤人，最后优哉游哉地退出了厕所。

后来，窦太后听说这件事后大为赞赏，赏赐郅都百金，汉景帝也没有怪罪郅都，认为他临危不乱，顾全大局，为皇室的整体利益考虑，因而对他另眼相看，不仅将他提拔为朝廷的重要军政官员，还把他视作亲信，常常让其跟随左右。郅都因为忠勇护主，崭露头角。

搏击豪强

郅都为人勇敢果决，公正廉洁，史书中称他："不发私书，问遗无所受，请寄无所听。"（《史记·酷吏列传》）也就是说，从来不打开私人投递给他的书信，往往是不曾开封就退回去，也绝不收受任何形式的礼物，对于托关系打招呼的人一律不理睬，他自己说："我既然离开父母双亲出来做官，就是公家之人，应当奉职死节，再也不能顾及妻子儿女个人小家的利益了。"这话传到皇帝的耳朵里，皇帝自然很是欣赏。

由于景帝的信任，郅都常常有机会面圣，他总是直言不讳，看见大臣的问题，甚至是天子的问题，他往往当面指出。当时的丞相周亚夫是开国元勋周勃之子，他率军一举平定"吴楚七国之乱"，是景帝一朝的大功臣，威望极高，权倾朝野。景帝对他都要礼让三分，大臣们见他要下跪行礼，郅都认为这不符合礼数，他见周丞相只是按照常规礼仪拱手作揖，从不跪拜。在朝堂上议事之时，大臣们往往附和周亚夫，郅都则不然，若与周亚夫的意见相左，他也当面提出，坚持己见，从不趋炎附势。

因为他刚正不阿的个性，景帝特别信任他。景帝一朝最大问题是诸侯与豪强横行地方，甚至不把朝廷放在眼里，与天子争利。当时在济南有一个豪强家族瞷氏，有同宗三百多户人家，仗着人多势众，横行地方，成为地方一霸。历任太守或出于私利，或碍于其势力，都没能拿出有效的对策来整治它。汉景帝觉得只有郅都能啃下这块硬骨头，就拜他为济南郡守。郅都到任后，雷厉风行地逮捕了那个豪强家族的首恶，将之处死。这个豪强家族的其他人都吓破了胆，不敢再违法，其他豪强家族也收敛了不少。郅都在济南任郡守一年多，当地风气得到极大的改善，路不拾遗，夜不闭户。郅都卓越的政绩让同僚叹服，附近十几个郡的郡守都把他当成了上级。

整治完地方豪强，汉景帝决心要打压那些在帝都长安周围的宗室、列侯的势力集团，于是就把郅都从济南调回来，任命他为中尉，主要负责京城的治安。郅都上任以后，仍然保持一贯的行事风格，不问出身，不避权贵，秉公处置，毫不留情。他"行法不避贵戚"，受到了长安百姓的称誉，而那些列侯、宗室见了郅都都侧目而视，郅都由此得到了"苍鹰"的雅号。

"苍鹰"之死

在列侯、宗室、豪强横行的时代，郅都执法严明，不避权贵，确实为维护政权的稳定，加强天子的威权立下了汗马功劳。一时间，他成为替天子执法的"苍鹰"，名满天下。但他万万没有想到，自己会因为卷入皇室内部利益争斗的旋涡，而最终丢了性命。

我们都知道最终景帝的继任者是汉武帝刘彻。其实刘彻最初不是太子，太子之位是他的长兄刘荣的。景帝的姐姐、长公主刘嫖有个女儿陈阿娇，也就是后来的陈皇后，长公主想将自己的女儿许配给太子，一方面是亲上加亲，一方面是加强自己在朝中的势力。她多次暗示刘荣的母亲栗姬结下这门亲，可这个栗姬偏偏与她过不去，倒是武帝的母亲王夫人频频向长公主抛出橄榄枝。最后长公主决定与王夫人结亲，两人自然处于同一阵营。而长公主实际上是后宫的大管家，深得景帝信任，她的话在景帝心中很有分量，栗姬得罪了长公主，自然没有好结果。长公主经常向景帝说栗姬和太子的短处，夸赞王夫人和武帝，使景帝动了更立太子的心思。后来她甚至罗织了栗姬使用巫蛊固宠的罪名，恰好当时景帝身体抱恙，偏偏朝中又有大臣上奏立太子母亲栗姬为皇后，景帝本来就看栗姬和太子不顺眼，又把这些事情都联系在一起，相信了长公主的话，认为栗姬挟邪媚道，弄权固宠，下令将她打入冷宫，废黜太子为临江王，又令郅都调查栗姬的娘家栗氏家族。以郅都的性格，自然不放过任何蛛丝马迹，找出了不少栗氏家族与朝臣结交干涉朝政的证据，于是整个栗氏受到牵累，栗姬忧愤而死，废太子出京"就国"前往封地。

临江王刘荣刚到封地还不满一年，就有人状告他私侵祖庙土地扩建宫室。在当时侵占祖庙土地属于亵渎祖先的重罪。汉景帝召刘荣回都城接受调查，审讯他的即是那位秉公无私的中尉郅都。郅都照例依法审案，责讯甚严，临江王请求他网开一面，让自己写信给景帝请罪陈情，希望景帝能念及父子之情从轻发落，被郅都拒绝，刘荣惊恐万状，惶惶不安，竟在中尉府里自杀身亡。窦太后得知长孙死讯甚为痛心，她自然把账全算在郅都身上，认为他执法过于严苛，以致逼死皇子，想要处置郅都，汉景帝为保郅都，令其罢官还乡。

数年后，匈奴屡屡南侵大汉边境，景帝又想起了郅都，任命他为雁门太守，授予他"便宜行事"处理郡内政务的特别权力。匈奴人对郅都的威名早有耳闻，他一到任，匈奴便撤兵，直到郅都死都不敢再靠近雁门。匈奴人对郅都既畏惧又憎恶。据说，在练兵时，专门将箭靶做成郅都的形象，让士兵操练骑射，竟然没有一个人能射中"郅都靶子"。后来，匈奴又想南侵，又畏惧郅都，于是派人到关中散布谣言，说郅都要盘踞雁门而造反。窦太后对刘荣的死仍耿耿于怀，竟以此为理由，强迫汉景帝以"谋反罪"处死郅都。景帝认为郅都不至于谋反，就劝太后："郅都是个忠臣，杀了的话太可惜了。"太后却不依不饶地说："郅都是忠臣，难道你的儿子我的孙儿临江王就不是忠臣吗？"景帝迫于太后的压力，不得不处死郅都，秉公无私、不避权贵的"苍鹰"就这样折翅坠落了。

中国古代不乏执法严明、不畏权贵的法官，他们为当世崇仰，为后世称颂，但本质上他们是天子执法的工具，一旦没有了政治需要，或是触犯到皇室的利益，就立刻被弃用。在景帝一朝，先有晁错，后有郅都，他们因"行法不避贵戚"，一度成为天子削除诸侯、豪强势力的利剑，然而当他们被迫卷入皇室内部争斗的旋涡，触犯到贵胄的利益时，他们的悲剧命运也就不可避免了。

执法严明的『包青天』

　　谈到宋代的法律和法治，不少人会想到包公，他是中国历史上少有的清官。包公（999 年—1062 年），即包拯，字希仁，庐州合肥（今属安徽省）人。包拯年幼即勤于学，成年后以孝闻于乡。考中进士后，因为父母不愿随行，所以辞官不就，等到父母去世才出来做官。他有一首咏志诗："清心为治本，直道是身谋。秀干终成栋，精钢不作钩。仓充鼠雀喜，草尽狐兔愁。史册有遗训，毋贻来者羞。"这首诗表明了他刚正不阿的性格和直道而行的志向，后来他从知县一直做到龙图阁学士，在宋仁宗嘉祐元年，"权知开封府事"，即暂代管辖开封府的事务，主管京城的民政、狱讼。在任上改革诉讼制度，并且拆除中官（太监头领）家族跨河修建的园林亭榭，疏通惠民河。最后官做到三司使、枢密副使。他一生有许多关于执法的事被历史记载，并流传下来，是秉公执法的典范，故有"包青天"之美誉。

"包弹"

　　包拯在任监察御史及负责谏院时，为了肃清纲纪，惩处贪官赃吏，弹劾过许多人，其中影响最大的是弹劾王逵。王逵曾数任转运使，巧立名目，盘剥百姓财物，激起民变以后，又派兵捕捉，滥用酷刑，惨遭他杀害的人不计其数，所以民愤极大。但是他因为与当朝宰相陈执中、贾昌朝关系密切，又得到宋仁宗青睐，所以有恃无恐、炙手可热，无人敢动。包拯为此连续七次上章弹劾，最后一次甚至直接指责皇帝："今乃不恤人言，固用酷吏。于一王逵则幸矣，如一路不幸何？"路是宋代行政区域，意思是：对一个王逵则幸运了，但是怎么对得起一路的老百姓？言辞刚直激切，震动了朝野。由于舆论汹汹，朝廷终于罢免了王逵。

　　此外，包拯在任御史中丞时还弹劾过不少权臣、贵戚。比如张贵妃的伯父张尧佐，这个张尧佐凭着自己受宠的侄女鸡犬升天，先后担任地方大员以及三司使（财政部长）。朝臣们认为张尧佐无德无能，要求皇帝撤其职，仁宗碍于面子当然不答应，朝臣们抵死谏争，包拯滔滔不绝，唾沫飞溅，气得仁宗拂袖而去，回到后宫愤愤地对张贵妃说："你只知道自己的娘家，让你的伯父升官，就不知道现在的御史中丞是那个包拯！"包拯还弹劾过宰相宋庠，宋庠执政数年，还算清廉，无过无功，可包拯认为他作为国之重臣，毫无建树，尸位素餐。这一弹劾使得朝臣们觉得他不通人情世故，只会"黑着脸批评人"，再加上他肤色黝黑，便给了他"包黑子"的雅号。除此以外，包拯还弹劾过利用职权贱买富民宅邸的三司使的大官张方平。那个写过《玉楼春》——"浮生常恨欢娱少，肯爱千金轻一笑"的宋祁也因为"在蜀燕饮过度"而遭到包拯的弹劾。他不惧皇亲贵戚，朋党不与，六亲不认，所以，"包黑子"以外，他还有一个雅号——"包弹"，世人如果见到官吏有不当行为，就往往威胁他们"包弹来了"。"包弹"这个名称就传遍天下了。

"关节不到，有阎罗包老"

　　包拯最为人称道的是他断案执法的正直明敏。他出任天长县知县时，遇到过一件棘手的案子。有一天，有一个农夫到县衙门告状，状告一个歹徒把他家的一头牛的舌头割去了，要求包拯捉拿罪犯。割去舌头并没有什么利益可图，所以包拯推断这一定是属于仇家的报复行为，于是他让这个农夫宰牛卖肉引诱罪犯上钩。宋代法律规定宰杀耕牛是犯法的，不出所料，割牛舌的罪犯见牛主人杀牛，欲给那个农夫加罪，果然到县衙门去告状，于是就自投罗网，一件疑案就这么破了。

　　精明能干以外，更令人称叹的是包拯刚正不阿、不徇私情。他出任庐州（今安徽省合肥市）知州时，执法严明，有口皆碑。庐州是他家乡，任知州时，他的有些亲朋故旧以为有了靠山，所以有人干了不少仗势欺人、违法乱纪的事。包拯决定要大义灭亲以使国家法纪得到维护。当时他有一个舅辈犯法，他不因为近亲的缘故轻饶，在堂上依法责挞一顿，起到了警戒作用，从此那些亲朋故旧再也不敢胡作非为了。

　　包拯办事公正，当时又处于北宋比较稳定繁荣时期，吏治比较清明，所以他官越做越大，后来升任开封府府尹，负责国家法律、诉讼之事。他干了两件事，深得民心：一是改革吏治，改革诉讼制度。按照旧方法，凡到开封府告状的人，先把状纸交给守门的府吏，然后由其转呈，是否审理，何时审理，则由府吏通知。由于告状的人见不到长官，府吏往往借机敲诈勒索，营私舞弊。过去讲"八字衙门朝南开，有理无钱莫进来"，就是指这种情况。包拯革除了此项弊政，使告状者可以直接见官纳状、自陈冤屈，这样审案就比较公正了。二是前面提到过的疏浚惠民河。惠民河原来叫蔡河，自东京（河南省开封市）至通许（今属河南省），直达淮河。后来为了水运方便，从新郑引闵水汇入，使之增加水流量。但是惠民河常常涨水为患，危害百姓。包拯查明因为一些朝中官员私自建筑园林亭榭，侵占惠民河，所以河流经常淤塞以致河水泛滥。包拯下令将跨河修建的楼台、亭榭、花园全部拆除，使河水得以畅通。有些权贵手持伪造的增加尺寸的地券和包拯相争，包拯通过实地验证，揭露其作伪，并且上书朝廷要求严办。

首都东京本来就多皇亲国戚、达官显贵，素来以难治著称，而包拯"立朝刚毅"，无私无欲，凡私人请托一律严词拒绝。正因为他执法严峻，不徇私情，"贵戚宦官为之敛手，闻者皆惮之。人以包拯笑比黄河清，童稚妇女，亦知其名……京师为之语曰：'关节不到，有阎罗包老'"（《宋史·包拯传》）。

《包拯家训》

包拯执法严明，同时也严于律己，他的廉洁是中国历史上有名的。二十三岁时，他还没有出仕，就受到当时的庐州知州刘筠的嘉许，因此声名大振。原来他们家乡有一个富豪曾邀请他赴宴叙谈，一位姓李的同学"欣然规往"，包拯却说："他是富人，我们将来可能要做这里的地方官，现在随便和他交往，将来岂不是要受今日牵累吗？"由此可见，他年轻时就已经树立了大志，严于自律。

他曾经出任端州知州，端州是以出端砚著名的，端砚是历来文人喜欢的东西，排在中国"四大名砚"之首。宋代皇帝和达官都善书法，凡善书法的都喜欢砚台，当时有个弊政叫"贡砚"，让端州造砚者把端砚进贡给皇上，所以他的前任经常以"贡砚"为名义，加征数十倍数额的税，用来中饱私囊和贿赂权贵。包拯到任后，革除了这个弊政。据正史记载，他离任时"不持一砚归"。1973年，合肥清理包拯墓时，在包拯及其子孙墓中仅发现一方普通砚台，而没有端砚。有一本野史叫《天水冰山录》，讲的是明代奸相严嵩被抄家的事，其中抄出的各类名贵砚台有三百多方，其他珍贵文物更是不计其数。相比之下，包拯的清廉是非常可贵的。

包拯曾经订立过一个家训，其中说道："后世子孙仕宦，有犯赃滥者，不得放归本家；亡殁以后，不得葬于大茔之中。不从吾志，非吾子孙。"他还将家训镌刻于石碑，竖立于堂屋东壁，以昭示后代子孙。

《宋史·包拯传》称赞包公："拯性峭直，恶吏苛刻，务敦厚，虽甚嫉恶，而未尝不推以忠恕也。与人不苟合，不伪辞色悦人，平居无私书，故人、亲党皆绝之。虽贵，衣服、器用、饮食如布衣时。"当时人称他"有凛然不可夺之节"，"有所关白，喜当面折辱人"。一个执法者，你要做到公平公正，就必须自身清廉。正因为包拯在生前享有盛誉，所以，历代广为传颂他的事迹。元杂剧中有不少"包公戏"，明清之际有旧小说《包公案》《三侠五义》流行，包公成为一个家喻户晓的传奇。

廉洁奉公的『海青天』

　　和任何朝代一样，在执行法律方面总有清流与亮色。明代执法严明、为官清正的当然要数海瑞。海瑞（1514 年—1587 年），出生在广东琼山（今海南省海口市），字汝贤，自号刚峰，有"壁立千仞，无欲则刚"的意思。嘉靖二十八年（1549 年）中举，当时明朝正在走向衰落，政治腐败、贪污成风，宦官刘瑾和吏部尚书焦芳等人公开索贿受贿，严嵩、赵文华等也是贪得无厌。在这样一个时期，要做一个严格执法、不徇私情的清官是很难的，海瑞之所以被当时人与后人传颂，正是因为海瑞为官期间，为老百姓做了许多好事：推行清丈（丈量土地以决定赋税），平反冤狱，打击贪官污吏，深得民心。嘉靖四十五年（1566 年）任户部云南司主事，因为上书批评皇帝而被捕入狱，后获释。隆庆三年（1569 年）任应天巡抚，又调任金都御史。后来因为一如既往打击豪强、惩治贪官，得罪太多人，又被革职，居家十余年，后来又被起用，直到病死，他一辈子遵纪守法，真正称得上廉洁奉公。

不避权臣

海瑞任地方官时，刚正清廉是出了名的，他执法不避权臣，常常触犯权贵的利益。他在任浙江淳安知县时，负责那个地区的总督是胡宗宪。淳安是山区，土地贫瘠，老百姓很穷，负担却很重。海瑞曾经对人说："天下事都被秀才官做坏了。不只是不才的官贪污残暴，专门弄钱，就是好官也是经常搜刮民脂民膏，来拉拢朋友，博取好名声。百姓穷了，就说朝廷赋税重了。其实，赋税重，还有定额，种种额外的负担太多了。"这个县处新安江下游，是水陆交通的枢纽，往来官吏很多，地方要接待，花费很大。

有一次，胡宗宪的儿子要经过淳安，这个胡公子骄纵惯了，因为嫌驿站的马匹不称心，供应不周到，叫手下把驿站的人倒挂在树上。驿站的人急了，去县衙告状。海瑞叫他们不要慌，他自己径直走到驿站。见胡公子还在指手画脚骂人，海瑞不理他，走到里面，看到胡公子带的大小箱子几十个，都贴着总督衙门封条。海瑞变了脸色，叫人打开箱子，原来里面装了几千两银子。海瑞对着众人说："这个混蛋真可恶，竟敢冒充总督儿子，败坏总督名声！上次总督出来巡查时，贴出布告，再三叫地方上不要浪费。你们看这帮棍徒带这么多行李、这么多银子，怎么可能是胡总督的儿子？一定是假冒的，要严办！"他下令把几千两银子充公，交给国库，然后写了一封信，连人和行李，一起交给胡宗宪。胡宗宪哑巴吃黄连，又怕海瑞把事情闹大，只得作罢。像这样阻止贪官污吏沿途敲诈的事还有几次，例如他阻止严嵩的亲信鄢懋卿、袁淳等人借巡查为名敲诈勒索，也是当时有名的几件事。

隆庆三年，海瑞被任命为应天巡抚。他在应天巡抚任上做了几件事，最重要的是让宰相徐阶的家族退田。当时地主兼并农民土地很厉害。所以，海瑞一直主张对大地主、豪强限田，要贯彻均平赋税，实行张居正提出的"一条鞭法"。要限田，必须从大官做起。徐阶对海瑞还是有恩的人，在海瑞上疏得罪严嵩时，徐阶还上疏救过他的命。但是，海瑞不徇私情。当时徐阶正罢官在家，海瑞写信给徐阶，让他出面把儿子的田退一部分出来。由于他竟然让徐阶退田，朝廷里一些大官害怕了，人人自危，怨声四起，认为他做得过火了。他在给一位叫李石麓的大阁老写信说："存翁（徐阶）近来受许多小人的累，很吃了点苦头。他的家产之多，令人吃惊，吃苦头是他自己找的。要不是退出大半，老百姓是不会甘心的。有钱人尽干坏事，如今吃苦头，倒是一条经验。我让他退出大半田产，也正是为他着想。"他不但让徐家退了田，而且还逮捕了徐阶的弟弟徐陟。徐陟做过侍郎，在家乡为非作歹残害百姓，民怨很大，海瑞依法逮捕惩治了他，百姓交口称赞。

海瑞骂皇帝

骂皇帝在历史上非常罕见。其实，所谓"骂"是一种夸张的说法。在封建社会，皇帝是神圣不可侵犯的，连皇帝的名字都要避讳的。海瑞主要是上了一道奏章，直截了当地批评皇上。这种做法虽然在过去很少有人敢做，但是中国历史上犯龙颜直谏的人还是有的。

海瑞批评嘉靖皇帝的事，在明代历史乃至中国历史上确实非常有名。原来嘉靖皇帝做皇帝时间长了，懒于管事，不理朝政，住在西苑，成天拜神作斋醮、上青词。青词是给天神写的信，写青词有一套专门的讲究，严嵩就是因为善写青词得到皇帝的宠幸，徐阶也很擅长写青词。皇帝疏政，奸臣弄权，政治腐败到极点，朝臣中如果有人提意见，轻者革职，重者充军、监禁，甚至杀头。

海瑞在嘉靖四十五年二月上《治安疏》，向皇帝提出质问："您比起汉文帝怎么样？您前些年还做了些好事，这些年，只讲修道，大兴土木。

二十多年不上朝，滥派官职给人。跟两个儿子也不见面，人家以为您薄于父子；以猜疑诽谤杀戮臣下，人家以为您薄于君臣；尽住西苑，人家以为您薄于夫妇。弄得天下吏贪将弱，到处有农民暴动。现在严嵩虽然罢相了，但是没有什么改革，还不是清明世界……我看您远不如汉文帝。"在上疏里，最厉害的是这几句话："现在人民的徭役要比平常多许多，到处都是这样。您花了很多钱用在宗教迷信上，而且一天比一天多，弄得老百姓都穷光光的，这十几年来闹到极点了。天下人民用您改元的'嘉靖'两个字的谐音编歌谣，'家家穷得干干净净'。"嘉靖自比为尧，自号尧斋，现在海瑞公然说他不如汉文帝，他怎么能不恼火？嘉靖看罢，勃然大怒，将奏章丢在地上，下令立即逮捕海瑞。有个太监黄锦告诉皇帝："听说这个人自知上疏会活不了了，所以已经向妻子作临死告别，安排后事，家里佣人也已经走光了。他不会逃跑的。这个人素性刚直，名声很大，居官又清廉，不取官家一丝一粟，是个好官呢。"嘉靖皇帝听说海瑞不怕死，又拿起奏本读起来，边读，边叹气，自言自语说："这人真比得上比干，不过我还不是纣王。"他实在忍不下这口气，叫海瑞"畜物"，最终还是把海瑞逮捕了，只是有人提出要杀海瑞，他也不批复。直到明穆宗即位，海瑞才官复原职。

无欲则刚

海瑞执法不避权臣，上疏不畏天子。他之所以能够那么硬气，是有其信仰作为支撑的。海瑞信奉儒学，主张为政恪守"礼义"，他推崇陆九渊、王守仁的"心学"，能将"心学"理论与为官执政结合起来："内无纯心，安得外有纯政"，执政是外在的表现，取决于人的内心，内心纯净，执政自然清明纯粹，所以修身养性，去私利、去私欲是很重要的，正所谓"无欲则刚"，只有达到此种境界，才能真正做到"知行合一""言行一致"。

海瑞对当时官场上盛行的言行不一之风深为不满。"返淳还朴，府县官类能言之；考其作待士子，待客酒礼，又往往以华靡为尚，日作兴之典如是也。……欲往京师，北行为是。欲往京师而南行，终身无到北京之日。转移风俗而自以华靡示之，是往北京而南行也。"（《备忘集·续行条约册式》）在他看来，言朴行奢无异于往北而南行，而言行分离正是官场腐败、贪墨成风的根源。

与多数官吏不同，海瑞特别重视知行合一、言行一致，主张为官知法守法，方能执法公正。作为父母官，他身体力行，带头守法，任应天巡抚期间，他制定《督抚条约》，以警示自我，明守法之信念，其中明文规定："侵欺仓库，律有明条；举凡纸赎等项，无分上下，皆在库钱粮也。本院非为公为民，决不支用。"还规定："本院按临各县，如该县原不曾经有抚按按临，止随原有公所，就中择其可者奉本院暂居，不许改修。其摆玩、砚池、桌帏等件，亦止随便，不新制。"（《备忘集·督抚条约》）一纸、一笔、一桌、一砚，均不得擅作私用。我们自可读出海瑞严以律己，体会其两袖清风、一身正气的作风。据史载，海瑞"卒之前三日，兵部送柴薪多耗七钱犹扣回"，他死后，"检箧内仅禄金一百五十一两，绫、绸、葛各一"（梁云龙《海忠介公行状》）。他秉持"知行合一"之道，清廉守节，直至生命的终点。

庇佑平民

海瑞秉公执法，对权贵、豪强的非法行为，毫不留情地进行打击，而对无财无势的百姓却护爱有加。他在淳安任知县的时候，提出了一项重要的执法原则："与其屈贫民，宁屈富民；与其屈愚者，宁屈刁顽。事在乎产业，与其屈小民，宁屈乡官，以救弊也。"对乡宦擅作威福打缚小民，严惩不贷。当时有个名叫戴凤翔的官员认为海瑞此举属于怂恿小民鱼肉乡绅，海瑞反驳说："凤翔不考其初，据今日论，谓民为虎，乡官为肉。不知乡官二十余年为虎，小民二十余年为肉。今日乡官之肉，乃小民原有之肉，先夺之，今还之，原非乡官之肉也。况先夺其十百，今偿其一，所偿无几。"言下之意即是，乡绅、乡宦欺压百姓，榨取民脂民膏，对他们的打击只是"损有余而补不足"罢了，戴凤翔一时语塞，无言以对。

海瑞在任地方官的时候，为了避免冤假错案，他主张府州县官要亲自受理各种案件，不可主观臆断其诬而不予问理；为惩治贪官污吏，他鼓励百姓放胆告状。在应天巡抚任上，每月初二、十六放告，每次放告，来告状者往往以三四千计，如果是人命、强盗、贪官等案又可不拘日来告，他对状告的案件都予以受理，态度认真，亲力亲为，以至于在他出巡时，"不时受民词于途，袖满则纳之靴中，或又投之舆中，亦不禁"，他要求下级地方官吏"凡听讼必须直穷到底。审之审之，始不惮烦；慎之慎之，终无姑息"。海瑞的这些举措对打击贪官污吏、维护地方法制，收效显著，老百姓常常把他和宋代的另一位清官包拯联系起来，封他一个"海青天"的雅号。他逝世后，灵柩从南京运往故乡时，长江两岸站满了百姓，他们自发前来为"海青天"送行。

中国人有一种情结——希望有好皇帝，有清官。皇帝要像汉文帝、唐太宗，为官要像包公和海瑞。一直以来，海瑞以"清官""廉吏"的形象为后世铭记，明末思想家李贽赞他如"青松翠柏"，乃国之栋梁。他一生坚持以法惩治贪官墨吏，为民申冤，抑强均富，其思想主张与司法实践在当时的历史条件下取得了一定的成效。殊不知"从来就没有什么救世主，也不靠神仙皇帝"，社会越是黑暗，人民越是希望有包公、海瑞。而当一个朝代走向没落时，官员中十之八九是贪官的话，靠一两个海瑞是不可能解民于倒悬的。

在清代，与文字狱相应的是科场案。不过从法制角度看，文字狱完全是统治者利用权力滥杀文人的行为，目的是要征服你的肉体和精神，而科场案则是为了维护考试公平，秉公执法，两件事的意义截然不同。所谓"科场案"，是指发生在科举考场的作弊案件。科场案并不始于清代，但是，清以前科场案发生的次数不多，且对涉案人员的处理，大多不过是革职、流放。但是清代加大了对科场舞弊案件的调查力度，因此发生比较频繁，处理也较为严厉。

顺治丁酉科场案

清代不但在法律上沿用明代的一套，在科举考试上更是完全继承了明代以"八股取士"的一整套考试方法。清王朝建立不久就恢复了科举考试，科场的积弊也随之沿袭下来了。顺治十年（1653年），顺治皇帝就曾经指出当时科场存在的种种乱象："提学官（后改称学政）未出都门，在京各官开单嘱托。既到地方，提学官又访乡绅子弟亲戚，曲意逢迎。甚至贿赂公行，照等定价。督学之门，竟同商贾。"（《清世祖章皇帝实录》）在顺治十四年时，他又批评会试、乡试中存在的陋习时说：一些负责阅卷的官吏"往往干谒于事先，经窦百出；酬谢于事后，贿赂公行"，以致"荐举不公，官评淆乱"，（同上卷一百六）所以他要决心痛革积弊。

皇帝的警告起了一定作用，但是仍然有人敢冒天下之大不韪。顺治十四年（1657年）八月，顺天乡试主考官是曹本荣，副考官是宋之绳，参加评阅的有李振邺、张我朴、蔡元曦、郭濬等十四人。这些人虽然不全是贪财之徒，但是大多有利用职权结交权贵延揽私人的想法。其中最厉害的是李振邺，他在外面所通关节的有二十五人，考生有六千多，他用蓝笔写了名单，教人查找，从中录取了五人。另外一个考官张我朴也不示弱，自己营私舞弊，却对别人加以干涉。例如有个考生叫蒋文卓，与张我朴有隙，所以当郭濬向他推荐一人时，张以为是蒋文卓的卷子，他竭力反对。发榜之后，舆论大哗。张我朴却不在意，到处向人炫耀："某某人全靠我力荐；某某人的文章不通，因为我，所以中了；某某人我极力要推荐，无奈被某某老阻拦了。"这时候，郭濬也在活动。为了报复，蒋文卓把张、李两人在科场舞弊的情况写成匿名揭帖到处散发，另一个落第考生张汉将这个揭帖刻印出来投送科道衙门。事情终于爆发了，十月，皇帝下令彻查此事。结果是李振邺、张我朴等七人被立即处决；且通令各省，逮捕各家老少，查抄各家财产，流放到关外去的多达一百零八人。与李振邺通关节的二十五个人最后也被查出，一一捉拿归案，随后要求顺天乡试考中的举人集中到京城复考。因为这一年农历正值丁酉年，故称"顺治丁酉科场案"。

无独有偶，这一年江南乡试，发榜后也是群情大哗。江南书肆刻印无名氏传奇剧本《万金记》流传到社会上，剧中极力描绘科场行贿的丑行。"方"字去掉一点是"万","钱"字去掉右边是"金",这是讽刺江南乡试主考官方猷和钱开宗。当时有名的戏剧家尤侗落第了，也写一个剧本《钧天乐》隐射这一次考试。作品不但在社会上广泛流传，而且传到宫廷里，引起统治者重视。正好有位给事中参一本指责江南主考官作弊。顺治览奏，大怒，认为方猷等人曾经面谕，尚敢如此，殊属可恶。顺治下令两江总督郎廷佐严查，同时顺治对新榜举人进行复试。案子审理了一年，还未结案。顺治严旨催促，刑部只好再审。结果是正主考官方猷拟斩，副主考官钱开宗拟绞，其他人分别处理。顺治否定了判决。结果是主考官两人皆斩决，同考官十八人，除已死亡的以外，全部处绞，妻子家产均被籍没入官，江南科场案的酷烈远甚于顺天。这两起科场案在很大程度上起到了整顿科场风气、革除积弊的作用。

康熙辛卯科场案

　　顺治丁酉科场案对全国影响很大，此后数十年间，考官都能够做到清白自守，科场风气为之一清。但是，人大多是健忘的，尤其在利益面前。康熙三十八年（1699 年）又是顺天乡试，考中的以大臣子弟居多。落第考生散发传单，抨击主考官李蟠和副考官姜宸英，说他们"纳贿营私，逢迎权贵"，并且造作歌谣："老姜（薑）全无辣味，小李大有甜头。"有人参他们一本，康熙将李、姜两人革职。同时又对考中的举人进行复试，准备复试以后再处理考官。康熙亲自命题，考试结果是"具能成文"，康熙得出的结论是"落第者在外怨谤，势所必有"，但是姜宸英已经病死在狱中。（王道成《科举史话》）

　　到康熙五十年（1711 年）辛卯科，江南乡试又发生了一起科场案。那一科的主考官是左必蕃，副主考官是赵晋。发榜后，苏州考中了十三人，其中多为扬州盐商子弟。其中有两个人，文理不通是众所周知的。

于是群情激愤。九月二十四日，苏州生员千余人在玄妙观集会，将财神像抬到府学，锁在"明伦堂"，大家争做对联、诗词、歌谣，到处张贴。有人作对联嘲讽主考官："左丘明有眼无珠，赵子龙一身是胆。"说左必蕃不识文字，赵晋大胆贿卖。还有人用纸糊贡院的匾，将"贡院"两字糊成"卖完"。两江总督噶礼将带头闹事的生员拘禁，准备以诬告罪起诉他们。主考官左必蕃、江苏巡抚张伯行分别奏报。后来此案在扬州审理，经过一年多调查取证，基本查清案件，主要是副主考官赵晋私受贿赂、暗通关节。康熙谕令严处，结果赵晋等涉案人员被处决了；左必蕃因为失察，被革职，可叹的是赵晋还是康熙四十二年癸未科的榜眼。

咸丰戊午科场案

从康熙五十年那一次科场案以后，雍正、乾隆、嘉庆几朝虽然也有科场作弊的，但是规模和影响都不大。到咸丰八年（1858年）戊午科，顺天乡试又发生了一次科场案。那一年主考官是大学士柏葰，副主考官是户部尚书朱凤标、副都御史程庭桂。九月发榜时，有一位满洲考生考中了第七名。此人喜欢唱戏，曾经登台演出，是个玩票的，他考中以后，人们议论纷纷，说："优伶也得中高魁矣！"按照科场条例，优伶是不能参加考试的。当时有个御史上疏弹劾该考生的朱墨卷有不符合之处（考生写的是"墨卷"，送到誊录处由专门人员用红笔抄写成"朱卷"），外面议论纷纷，要求朝廷复试。咸丰下令载垣等高官去认真查办。该生只承认在票班唱戏，其余不承认。为了便于严查，先以"登台演戏，有玷斯文"为由，革去他举人名分，再复查他的考卷，发现草稿不全，诗中有七个错字。再复勘要求查议的其他考卷，发现问题的竟有五十本之多。咸丰认为考官们"荒谬已极"，先将柏葰革职，两位副主考官解职。再查有无贿赂之情，结果真的发现主考官柏葰受嘱托、副主考官程庭桂收受条子的事。

此案涉及许多高官，案情也很复杂。先后受到惩处的共计九十一人，其中斩决者五人，遣戍者三人，准捐输赎罪者七人，革职者七人，降级调用者十六人，罚俸一年者三十八人，被罚停会试或革去举人者十三人，死于狱中者两人……大学士柏葰，不仅是清代科场案中被斩决的唯一的一品大员，在科举史上，死于科场案的官员中，他的职位也是最高的。

清代的几起科场案，其判决、处罚酷烈，甚至有滥施刑罚之嫌，难以跳脱封建时代法治人治化的特点。但科举是朝廷选拔人才的重要途径，竭力维护其公正、公平性，因此还算是秉公执法。

本章小结

中国古代，每朝均有详备的律法条文，然而真正守法奉法、秉公执法的官吏却如凤毛麟角，郅都、包拯、海瑞等无疑是清官廉吏的典范。而实际上，历朝借助"文字狱"制造了不少冤假错案，能秉公执法的案件更是屈指可数。同样是推行文化政策，清代的几起科场案与文字狱不同，秉着公正公平的原则，严惩科场舞弊的行为，整顿考场纪律，完善考试制度，维护考生的利益，这有利于国家选拔贤才能人，即使处理方式较为严酷，也为后世称道，因为，只有官吏自上而下奉法执法，才能真正发挥法律的效用，让百姓看到希望。